SCHAU UND LIES

DEINE WELT

DIE GESCHICHTE DES
MENSCHEN

Giovanni Caselli

Tessloff

Auf seinem Flaggschiff *Santa Maria* (oben)
segelte Christoph Kolumbus nach Westen und
erreichte 1492 als erster Amerika.

Herausgeber Michèle Byam (Text)
Roger Priddy (Illustrationen)

Textredaktion Jackie Douglas
Grafische Gestaltung Roger Bristow

Copyright © 1987 Dorling Kindersley
Limited, London
Copyright © 1988 Tessloff Verlag · Hamburg · Nürnberg

Aus dem Englischen von Evelyn Voß

ISBN 3-7886-0468-9

ARTES GRAFICAS TOLEDO, S.A.
D.L.TO:611-1988

INHALT

Homo habilis

Homo erectus

Homo sapiens

Die Entwicklung des Menschen

Die Menschen, von denen in diesem Buch die Rede ist, gehören wie wir der Gattung *Homo sapiens* („der verständige Mensch") an. *Homo sapiens* entwickelte sich aus dem Frühmenschen *Homo erectus* („der aufrecht gehende Mensch"), der seinerseits vom *Homo habilis* („der geschickte Mensch") abstammt, dem ältesten Vertreter der echten Menschen.

3

DIE MENSCHEN DER VORGESCHICHTE

Wenn wir von „Geschichte" sprechen, meinen wir die Geschichte der Menschen, die nach der Erfindung der Schrift vor 5000 Jahren lebten. Die Menschen, die vor dem Beginn der Geschichtsschreibung lebten, bezeichnen wir als vorgeschichtliche Menschen.

Menschen, die von der Jagd und vom Fischfang lebten
Jahrtausendelang lebten die Menschen der Vorgeschichte vom Jagen und Fischen sowie dem Sammeln wilder Pflanzen. Ihr größter Fortschritt bestand darin, den Gebrauch des Feuers zu erlernen.

Jagdwerkzeuge und -waffen
Die Werkzeuge waren überwiegend Steine mit geschärften Rändern. Zu den Waffen, die zum Töten der Tiere und zur Verteidigung benutzt wurden, zählten Steine und Knochen sowie Speere und Keulen aus Holz.

Frühe Kleidungsstücke
Die vorgeschichtlichen Jäger trugen zunächst wahrscheinlich locker sitzende Tierhäute. Später lernten sie, die Häute zuzuschneiden und mit knöchernen Nadeln und Tierhaaren zusammenzunähen.

Vorgeschichtliche Jäger
Homo sapiens (siehe S. 3) entwickelte sich in einer vorgeschichtlichen Epoche, die wir ältere Steinzeit nennen. „Steinzeit" heißt sie — ebenso wie die beiden folgenden Epochen —, weil die meisten der damals benutzten Werkzeuge aus Stein gefertigt waren.

Während der älteren Steinzeit waren große Teile der nördlichen Halbkugel mit Eis bedeckt. Die meisten Menschen lebten daher in Gebieten wir Afrika und Südeuropa, wo es wärmer war und auch mehr Nahrung gab. Alle Menschen dieser Zeit ernährten sich vom Sammeln eßbarer Früchte, Wurzeln und Körnern und von der Jagd. Wie die Tiere, die sie jagten, zogen sie auf der Suche nach Nahrung ihr Leben lang von einem Ort zum anderen.

Pflanzensammler
In der mittleren Steinzeit hatten die Menschen gelernt, Samen auszusäen und Nüsse, Gemüse und andere Nahrungspflanzen zu ziehen.

Die Nahrungssuche in der mittleren Steinzeit
Die Jäger der mittleren Steinzeit jagten überwiegend wilde Rinder, Schafe, Ziegen und Rehe; Menschen, die an Gewässern lebten, fingen auch Fische. Knochenfunde in der Nähe von Wohnplätzen der Mittleren Steinzeit lassen vermuten, daß die Menschen begonnen hatten, Hunde zu halten.

Werkzeuge und Waffen der älteren Steinzeit
Die frühen Jäger fertigten ihre einfachen Werkzeuge und Waffen gewöhnlich aus Stein, verwendeten gelegentlich aber auch Knochen und Holz.

Werkzeuge und Waffen der mittleren Steinzeit
Nachdem die Menschen begonnen hatten, neben der Jagd Ackerbau und Viehzucht zu betreiben, entwickelten sie neuartige Werkzeuge für ganz bestimmte Zwecke.

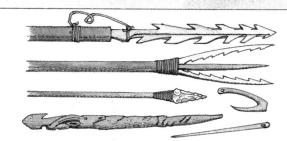

Vorgeschichtliche Ackerbauer und Viehzüchter

Zwischen der älteren Steinzeit und dem nächsten bedeutenden Abschnitt in der menschlichen Entwicklung, der jüngeren Steinzeit, lag eine Übergangsphase, in der manche Menschen begannen, neben der Jagd Tiere zu halten und selbst Pflanzen anzubauen. In diesem Zeitraum, der als mittlere Steinzeit bezeichnet wird, erfanden die Menschen außerdem neue Werkzeuge und Waffen wie Nadeln, Angelhaken und Pfeil und Bogen.

Ungefähr ab 8000 v. Chr. gaben die Menschen in vielen Teilen der Welt die Jagd auf und gingen völlig zu Ackerbau und Viehzucht über. In dieser Epoche — der jüngeren Steinzeit — wurden sie seßhaft und gründeten die ersten dörflichen Siedlungsgemeinschaften, aus denen später die ersten Städte der Welt hervorgehen sollten.

Menschen, die von Ackerbau und Viehzucht lebten

Die ersten bäuerlichen Siedlungsgemeinschaften entstanden um 8000 v. Chr. in Gegenden, in denen es viel Wasser und fruchtbaren Boden gab, der sich für den Anbau von Pflanzen und die Tierhaltung eignete. Die vorgeschichtlichen Ackerbauer und Viehzüchter waren die ersten Menschen, die Häuser bauten und sie mehrere Jahre lang bewohnten.

Dauerhaftere Wohnsitze

Als aus den bäuerlichen Siedlungsgemeinschaften Dörfer und Städte wurden, hörten die Menschen auf, in Zelten, Hütten aus Zweigen und Höhlen zu wohnen, und begannen, Häuser aus Lehmziegeln, Stein oder zugeschnittenen Hölzern zu bauen.

Neue Fertigkeiten

Nachdem die Menschen genug Pflanzen zu ihrer Ernährung anbauen konnten, fanden einige Siedlungsbewohner Zeit, neue Fertigkeiten zu erwerben und Tuch für Kleidungsstücke zu weben, Keramik zu formen und Körbe zu flechten.

Haustiere und Getreide

Die frühen Bauern lernten, Ziegen, Rinder, Schweine und Schafe aufzuziehen und Getreide wie Weizen und Gerste anzubauen.

Neuartige Werkzeuge

Die vorgeschichtlichen Bauern erfanden viele neue Werkzeuge, darunter Steinäxte, Holzlöffel, Sicheln und Schaufeln aus Feuerstein.

Werkzeuge und Haushaltsgeräte der jüngeren Steinzeit

Zu den bedeutenden Erfindungen der frühen Bauern, die ihnen ihre Arbeit erleichterten, gehörten das Rad und der Pflug.

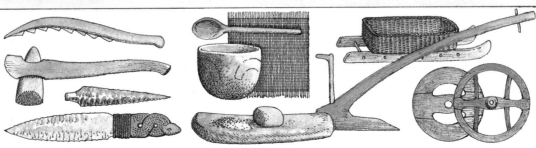

DER BAU DER PYRAMIDEN

Pyramiden sind große Bauwerke aus Stein, die von verschiedenen Völkern des Altertums als Tempel oder Grabmäler benutzt wurden. In Ägypten stehen heute noch Pyramiden, die als Grabmäler für die altägyptischen Könige errichtet wurden.

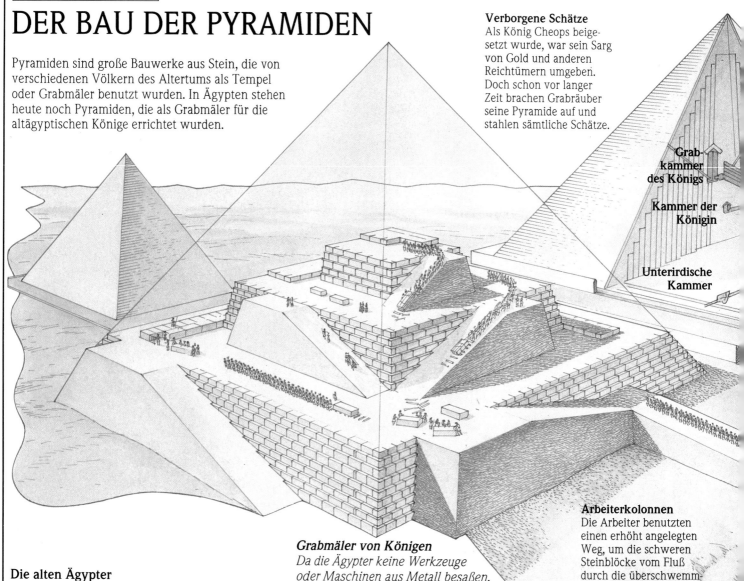

Verborgene Schätze
Als König Cheops beigesetzt wurde, war sein Sarg von Gold und anderen Reichtümern umgeben. Doch schon vor langer Zeit brachen Grabräuber seine Pyramide auf und stahlen sämtliche Schätze.

Grab-kammer des Königs

Kammer der Königin

Unterirdische Kammer

Arbeiterkolonnen
Die Arbeiter benutzten einen erhöht angelegten Weg, um die schweren Steinblöcke vom Fluß durch die überschwemmten Felder zum Bauplatz zu ziehen.

Grabmäler von Königen
Da die Ägypter keine Werkzeuge oder Maschinen aus Metall besaßen, dauerte es viele Jahre, bis Zehntausende von Arbeitern eine Pyramide gebaut hatten. Die größten Pyramiden sind die drei Königspyramiden bei Gise. Zwar wurden sie vor vielen Jahren ihrer gesamten Schätze beraubt, doch zählen sie immer noch zu den erstaunlichsten Bauwerken aller Zeiten.

Die alten Ägypter
In Ägypten entwickelte sich eine der ersten bedeutenden Kulturen der Welt. Ein großer Teil der Bevölkerung bestand aus Bauern, die das am Nil gelegene Land bestellten. Einmal im Jahr schwoll der Nil durch schwere Regenfälle so stark an, daß er über die Ufer trat. Wenn die Fluten versickerten, bedeckte fruchtbarer Schlamm die Erde, auf der die ägyptischen Bauern ihre Pflanzen anbauten.

Was wir über die alten Ägypter wissen, geht größtenteils auf Gemälde und Gegenstände zurück, die in ihren Pyramiden gefunden wurden. Die meisten Pyramiden wurden schon vor Jahrhunderten von Grabräubern geplündert. Einige wenige aber blieben unberührt und wurden erst in unseren Tagen von Archäologen geöffnet. Tief in ihrem Innern fanden die Archäologen nicht nur die Särge ägyptischer Könige, sondern auch ihre Waffen, Möbelstücke, Musikinstrumente, Gefäße und ihren Schmuck. Auch Papyrusrollen mit frühen schriftlichen Aufzeichnungen wurden entdeckt, in denen Begriffe durch Bildsymbole wiedergegeben wurden. Durch alle diese Funde haben wir eine Vorstellung davon, wie die Ägypter vor Tausenden von Jahren lebten.

König

Arbeiter

Wer erbaute die Pyramiden?
Die Pyramiden wurden im Auftrag der ägyptischen Könige erbaut. Ein Architekt entwarf den Plan, und ein Aufseher wies die Arbeiter in ihre Aufgaben ein. Die Arbeiter waren Bauern, die in Form von Nahrung und Kleidung

Die größte Pyramide

Die Cheopspyramide ist so groß, daß zehn Fußballfelder auf ihrer Grundfläche Platz fänden. Sie ist die größte der ägyptischen Pyramiden, die zu den sieben Weltwundern des Altertums zählen.

Große Galerie

Eingang

Die Menschen erlernen das Schreiben

Zu den ersten Völkern, von denen wir etwas wissen, gehören die Sumerer. Sie waren ursprünglich Bauern, deren dörfliche Siedlungsgemeinschaften sich später zu Städten mit Tempeln und Palästen entwickelten. Die Sumerer und ihre Lebensweise sind uns bekannt, weil sie als erstes Volk einen Weg fanden, ihre Sprache niederzuschreiben.

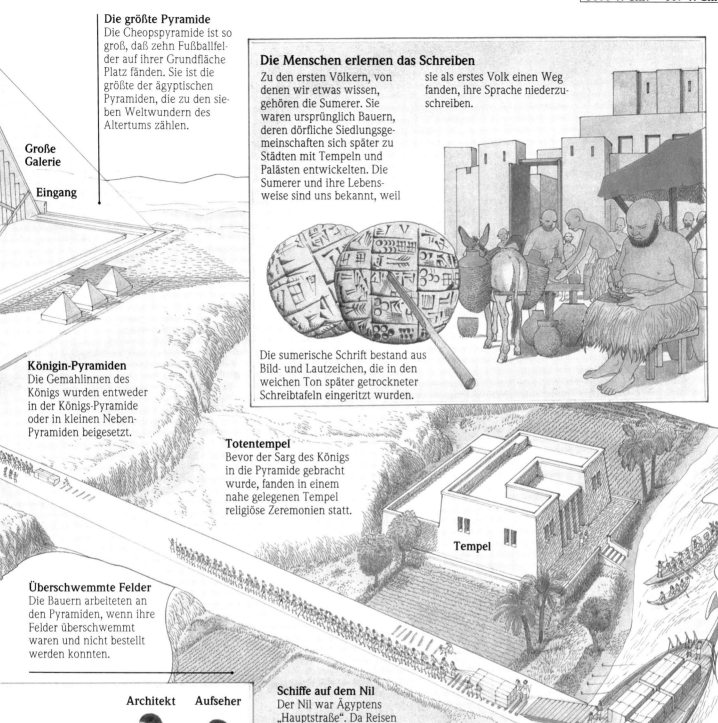

Die sumerische Schrift bestand aus Bild- und Lautzeichen, die in den weichen Ton später getrockneter Schreibtafeln eingeritzt wurden.

Königin-Pyramiden

Die Gemahlinnen des Königs wurden entweder in der Königs-Pyramide oder in kleinen Neben-Pyramiden beigesetzt.

Totentempel

Bevor der Sarg des Königs in die Pyramide gebracht wurde, fanden in einem nahe gelegenen Tempel religiöse Zeremonien statt.

Tempel

Überschwemmte Felder

Die Bauern arbeiteten an den Pyramiden, wenn ihre Felder überschwemmt waren und nicht bestellt werden konnten.

Architekt   Aufseher

entlohnt wurden. Da sie ihren König für einen Gott hielten, waren sie gern bereit, sein Grabmal zu errichten.

Schiffe auf dem Nil

Der Nil war Ägyptens „Hauptstraße". Da Reisen über Land beschwerlich waren, wurden Waren — auch Steinblöcke — von Lastkähnen befördert.

Nil

GROSSREICHE DES ORIENTS

Zur selben Zeit, als die Ägypter und Sumerer die Schrift erfanden, begannen sie und andere Völker des Altertums, die ersten Heere aufzustellen. Die Länder, deren Heere gut ausgebildet waren und die besten Waffen und Rüstungen besaßen, konnten schwächere Heere besiegen und ihr eigenes Gebiet durch Eroberungen erweitern. Wenn ein Land andere Länder erobert, so herrscht es über ein Reich. Im Altertum gab es zwei besonders mächtige Reiche: das Assyrische Reich und das Perserreich.

Persiens größte Stadt
Die prächtige Stadt Persepolis wurde von Darius I. als Mittelpunkt des mächtigen Perserreiches erbaut.

Die Assyrer

Die Assyrer waren das erste Volk, dessen gesamte Lebensweise der Kriegführung untergeordnet war. Die Wildheit und die Grausamkeit ihrer Soldaten machten die Assyrer zum Schrekken ihrer Nachbarn. Außerdem waren sie Meister der Belagerung. Sie kreisten die Städte ihrer Feinde ein, so daß niemand mehr in sie hinein- oder aus ihnen herausgelangen konnte, und nur wenige Städte waren imstande, eine solche Belagerung zu durchbrechen. Wenn eine Stadt schließlich kapituliert hatte, wurden ihre Einwohner häufig als Sklaven nach Assyrien geschafft. Später ging Assyrien in dem noch größeren Reich der Perser auf.

Die Perser

Unter großen Königen wie Darius I. und Xerxes wurde Persien zum Mittelpunkt eines riesigen und machtvollen Reiches. Weil sie die Völker, die sie besiegt hatten, nicht unterdrückten, wurden die Perser weit mehr geachtet und bewundert als die Assyrer.

Die Mehrheit der alten Perser lebte in Lehmhäusern, die inzwischen längst verfallen sind. Doch von großen Städten wie Persepolis, das die Perser erbauten, um die Macht und den Glanz ihres Reiches zur Schau zu stellen, sind heute noch Ruinen zu sehen.

Ein mächtiges Heer

Die Perser besaßen eines der größten und am besten ausgebildeten Heere des Altertums. Obwohl ihre Waffen sich von denen der Assyrer und anderer kriegführender Völker nicht unterschieden, waren die Perser viele Jahre lang unbesiegbar. Zu ihren besten Soldaten zählten Bogenschützen, die nicht nur in Streitwagen fuhren, sondern auch auf Elefanten und Kamelen ritten.

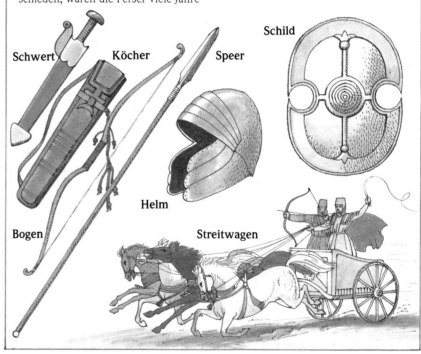

Schwert · Köcher · Speer · Schild · Helm · Bogen · Streitwagen

Babylonier
Das Babylonische Reich erlebte seine Blütezeit unter dem großen König Hammurabi.

Assyrer
Die Assyrer waren hervorragende Soldaten, behandelten die Völker, die sie unterwarfen, jedoch sehr grausam.

Hethiter
Zu den von den Assyrern besiegten Völkern gehörten die Hethiter, die ebenfalls ein großes Reich beherrscht hatten.

Die Audienzhalle zu Persepolis

Obwohl Persepolis von Alexander dem Großen (siehe S. 12—13) zerstört wurde, lassen die Reste der Bauten noch erkennen, wie herrlich es ausgesehen haben muß, als das Perserreich auf dem Höhepunkt seiner Macht stand. Die größten Gebäude waren die Paläste und die Audienzhalle der Könige Darius I. und seines Sohnes Xerxes I. In der prunkvollen Audienzhalle (unten), die 10 000 Menschen fassen konnte, versammelten sich Besucher aus allen Teilen des Reiches, um dem König ihre Aufwartung zu machen.

Massige Säulen

Der königliche Thron wurde von 36 bemalten Säulen überragt, die mit glänzendem Gold und funkelnden Juwelen geschmückt waren.

Gaben für den König

Besucher aus den verschiedenen Teilen des Reiches brachten dem König Gaben, wie Waffen, Schmuck, Pferde und Löwen.

Königliche Garden

Besucher wurden dem König von Garden vorgeführt, die mit Pfeil und Bogen, Speeren und Dolchen bewaffnet waren und Schilde trugen. Die königliche Leibgarde entstammte einem Regiment von 10 000 Mann, die als die „Unsterblichen" bezeichnet wurden.

Die Schlacht bei Marathon

Nachdem die Athener die Perser bei Marathon geschlagen hatten, schickte der athenische Befehlshaber seinen schnellsten Läufer in die Heimatstadt, um sie von dem Sieg zu benachrichtigen. Als „Marathonlauf" bezeichnet man heute einen Wettlauf über eine Strecke von 42,2 km, die ungefähr der Entfernung zwischen Marathon und Athen entspricht.

9

GROSSE RELIGIONEN

Als Religion bezeichnet man den Glauben der Menschen an einen Gott oder mehrere Götter, ihren Dienst an ihm oder ihnen und den Einfluß des Gottes oder der Götter auf ihr Leben. Es gab Religionen bereits in vorgeschichtlichen Zeiten *(siehe S. 4—5)*, aber die großen Religionen der Welt entstanden erst im Altertum.

Die Hauptlehren der jüdischen Religion wurden den Juden von ihrem großen Lehrer und Führer Moses vermittelt und sind in den ersten fünf Büchern der Bibel, der sogenannten Thora, niedergelegt. Ihr Kernstück ist der Glaube an einen alleinigen Gott. Eine Reihe von Jahren war das jüdische Land Israel unter den drei großen Königen Saul, David und Salomo ein mächtiges Reich, später aber wurde es von den Assyrern und Babyloniern *(siehe S. 8—9)* bezwungen.

Als das alte Indien von Völkern, die sich „Arier" nannten, unterworfen wurde, verschmolzen die religiösen Anschauungen der Eindringlinge mit denen der Ureinwohner zur hinduistischen Religion. Etwa 500 Jahre nach der Entstehung des Hinduismus begann ein Teil der indischen Bevölkerung den Lehren Siddharta Gautamas zu folgen, der als Buddha bekannt wurde. Während in Indien der Hinduismus die wichtigste Religion blieb, breitete sich der Buddhismus bald auf andere Länder aus.

Bis in die Mitte des 20. Jahrhunderts prägten die Lehren des Konfuzius das geistige Leben in China. Diese Lehren beschäftigten sich nicht mit dem Verhältnis des Menschen zu einem Gott oder mehreren Göttern, sondern mit seinem rechten Verhalten auf Erden.

Alle diese religiösen und weltanschaulichen Vorstellungen spielen seit Jahrhunderten eine wichtige Rolle im Leben der Menschen. Aber die tiefstgreifenden Veränderungen haben vielleicht zwei andere große Religionen bewirkt: das Christentum *(siehe S. 18—21)* und der Islam *(siehe S. 20)*.

Der Mittelpunkt des jüdischen religiösen Lebens
Nachdem König David Jerusalem eingenommen und zur Hauptstadt des alten Israel gemacht hatte, errichtete sein Sohn, König Salomo, dort einen großen Tempel zu Ehren Gottes. Dieses prächtige Bauwerk bildete den Mittelpunkt des jüdischen religiösen Lebens, bis es von den Babyloniern (siehe S. 8—9) niedergebrannt wurde.

Ein gewaltiges Becken für das Tempelwasser
Da es in der Umgebung des Tempels kein fließendes Wasser gab, wurde vor dem Tempel ein großes Becken aufgestellt, in dem die Priester sich wuschen.

Die Lehren des Konfuzius

Die Herrscher des alten China *(oben)* galten als „Himmelssöhne". Der große Denker Konfuzius lehrte jedoch, daß der vom Himmel eingesetzte Herrscher wie ein Vater für seine Untertanen sorgen sollte. Die Ideen und Lehren des Konfuzius spielten im chinesischen Leben jahrhundertelang eine bedeutende Rolle. Ihr Einfluß erstreckte sich auf die Moral, die Erziehung und die Politik.

Die Hauptteile des Tempels

Der Tempel bestand aus einem Mittelbau, in dem die religiösen Handlungen stattfanden, sowie seitlichen und rückwärtigen Gebäudeteilen, in denen die Kammern der Priester und Tempeldiener lagen.

Brandopfer

Unter den Menschen, die sich auf dem Tempelgelände aufhielten, waren gewöhnlich Männer, die Schafe und Ochsen für das Opfer vorbereiteten. Die jüdischen Priester brachten Opfer dar, indem sie getötete Tiere auf einem besonderen Altar verbrannten, denn sie glaubten, daß Gott Gefallen daran habe.

Hinduismus und Buddhismus

Zwei der größten Religionen der Welt hatten ihren Ursprung im alten Indien. Der Hinduismus, der nicht auf einem einheitlichen Glaubensbekenntnis beruht, sondern eine Fülle religiöser Gemeinschaften zuläßt, ist die Hauptreligion Indiens. Seine Anhänger glauben an zahlreiche Götter, von denen die bedeutendsten Wischnu und Schiwa sind.

Der Buddhismus geht auf die Lehren eines Inders zurück, der als Buddha („der Erleuchtete") bekannt wurde. Später breitete sich der Buddhismus von Indien nach China, Japan, Korea, Vietnam, Sri Lanka und in andere asiatische Länder aus.

Eine Skulptur Buddhas, des indischen Adligen und religiösen Lehrers, der den Buddhismus begründete.

Einer der bedeutendsten hinduistischen Götter ist Schiwa, in dem seine Anhänger den Zerstörer der Welt sehen.

11

DIE GRIECHEN

Kein Volk des Altertums übte auf die Nachwelt einen bedeutenderen Einfluß aus als das Volk der Griechen, mit dem die europäische Kultur (die Schöpfungen der Europäer auf den Gebieten der Bildung, der Politik, der Wissenschaft und der Kunst), ihren Anfang nahm.

Die Griechen schufen die erste europäische Buchstabenschrift sowie Formen der bildenden Kunst, des Theaters und der Literatur, die heute noch nachgeahmt werden. Vor allem aber entwickelten sie die Demokratie (eine Herrschaftsform, die jedem Bürger die Möglichkeit gibt mitzuentscheiden, wie seine Stadt oder sein Land regiert werden soll).

Die Größe Athens

Die Welt der alten Griechen bestand aus Hunderten von selbständigen Stadtstaaten *(siehe S. 28)*, aber nur wenige von ihnen besaßen nennenswerte Macht. Von diesen wenigen war am bedeutendsten Athen, denn diese Stadt brachte nicht nur die Demokratie hervor, sondern wurde auch zum Mittelpunkt der griechischen Kultur. Später büßte Athen seine Vorrangstellung ein und unterlag im Krieg seinem Hauptrivalen Sparta sowie anschließend Philipp II. von Makedonien, dem Vater Alexanders des Großen. Aber selbst als Athen schließlich ein Teil des Römischen Reiches *(siehe S. 14—17)* wurde, blieb es der kulturelle Mittelpunkt der antiken Welt.

Die Akropolis von Athen

Wo immer die Griechen lebten, errichteten sie prachtvolle öffentliche Bauten. Die Akropolis — ein flacher Felshügel, der sich über die Stadt erhebt — war ursprünglich mit einer Festung bebaut. Später errichteten die Athener dort jedoch Tempel und Statuen zu Ehren ihrer Götter und Helden.

Die Götter des Olymp

Die Religion spielte im griechischen Leben eine große Rolle. Die Griechen glaubten an viele Götter, von denen manche nur für eine bestimmte Familie oder einen bestimmten Landesteil von Bedeutung waren. In allen Teilen des Landes aber wurden zwölf besonders wichtige Götter verehrt, als deren Sitz man den höchsten Berg Griechenlands, den Olymp, ansah. Ihr Gebieter war Zeus, der König des Götterstaats.

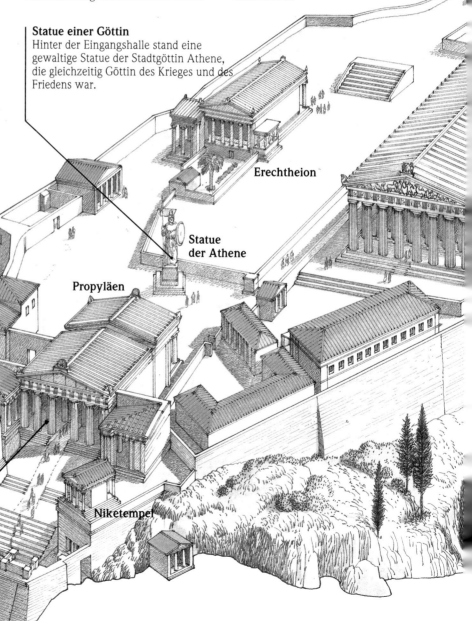

Statue einer Göttin
Hinter der Eingangshalle stand eine gewaltige Statue der Stadtgöttin Athene, die gleichzeitig Göttin des Krieges und des Friedens war.

Erechtheion

Statue der Athene

Propyläen

Niketempel

Ein prachtvoller Eingang
Die Besucher der Akropolis durchschritten eine großartige Eingangshalle, die sogenannten Propyläen. Dicht daneben lag ein kleiner, der Athena Nike geweihter Tempel, dessen Fries oder Gesimsstreifen den Sieg der Griechen über die Perser in einer berühmten Schlacht darstellte.

Alexander der Große

Alexander war zwar König des benachbarten Makedonien, doch der griechische Philosoph Aristoteles hatte ihn in Respekt vor der griechischen Kultur erzogen.

Alexander war einer der fähigsten Feldherren, die je ein Heer befehligten. Seine größten Siege errang er gegen die Perser.

Eine seiner schwierigsten Schlachten erlebte Alexander in Indien, wo seine Pferde durch die Kriegselefanten eines einheimischen Königs erschreckt wurden.

Als Alexander mit 33 Jahren einem Fieber erlag, hatte er nicht nur ein Weltreich gegründet, sondern auch vielen Ländern die griechische Kultur nahegebracht.

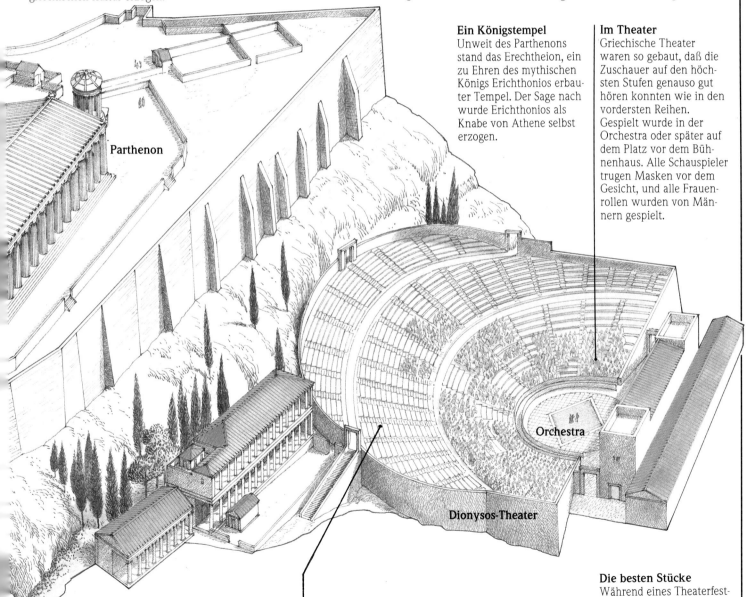

Ein Königstempel
Unweit des Parthenons stand das Erechtheion, ein zu Ehren des mythischen Königs Erichthonios erbauter Tempel. Der Sage nach wurde Erichthonios als Knabe von Athene selbst erzogen.

Im Theater
Griechische Theater waren so gebaut, daß die Zuschauer auf den höchsten Stufen genauso gut hören konnten wie in den vordersten Reihen. Gespielt wurde in der Orchestra oder später auf dem Platz vor dem Bühnenhaus. Alle Schauspieler trugen Masken vor dem Gesicht, und alle Frauenrollen wurden von Männern gespielt.

Parthenon

Orchestra

Dionysos-Theater

Der berühmteste griechische Tempel
Der Parthenon, der größte Tempel Athens, war zu Ehren der Göttin Athene errichtet worden. In späteren Jahrhunderten wurde er als christliche Kirche und anschließend als türkische Moschee genutzt.

Das griechische Theater
Die ersten großen Dramen wurden von den Griechen geschrieben und in ihren Theatern aufgeführt. Am Fuße der Akropolis erbauten die Athener ein Theater, um Dionysos, den Gott des Weines und der Fruchtbarkeit, zu ehren. Ebenfalls Dionysos zu Ehren wurden dort zweimal jährlich Komödien und Tragödien aufgeführt.

Die besten Stücke
Während eines Theaterfestspiels sahen die Zuschauer zahlreiche neue Stücke. Zum Schluß wurden der beste Autor, der beste Spielleiter und der beste Schauspieler mit Preisen ausgezeichnet.

13

DAS RÖMISCHE REICH

Die alten Römer glaubten, daß Rom von zwei Brüdern namens Romulus und Remus gegründet wurde, deren Vater der Kriegsgott Mars war. Heute wissen wir, daß Rom aus einem kleinen Dorf hervorging, das auf einem von sieben Hügeln in der Mitte Italiens lag. Im Laufe der Zeit wuchs dieses Dorf mit den Dörfern auf den sechs Nachbarhügeln zusammen und wurde zu der großen Stadt Rom.

Von Königen zu Kaisern

Im Anfang wurde Rom von einem König regiert, aber später beschlossen die Römer, bedeutende Bürger zu ihren Führern zu wählen. Diese sogenannten Konsuln versahen ihr Amt, bis der einflußreiche Feldherr Julius Cäsar an der Spitze eines großen Heeres in die Stadt einmarschierte und die Macht ergriff.

Cäsar wurde zum Alleinherrscher Roms. Aber schon nach fünf Jahren wurde er ermordet, und sein Großneffe Oktavian trat an seine Stelle. Oktavian ernannte sich zum ersten römischen Kaiser und nahm den Namen Augustus an. Auf Augustus folgten noch viele römische Kaiser, von denen einige stark, gelegentlich grausam, andere aber schwach und fast bedeutungslos waren.

Das römische Heer

Die Römer waren robuste, tapfere Kämpfer und sehr gute Soldaten. Nachdem ihr Heer ganz Italien erobert hatte, marschierte es in die Nachbarländer ein und besiegte deren Heere. Als Augustus Kaiser wurde, regierten die Römer über viele Tausende von Menschen. Ihr Herrschaftsgebiet trug den Namen *Imperium Romanum* (Römisches Reich).

Die römischen Soldaten leisteten nicht nur Waffendienst, sondern verstanden sich auch darauf, Straßen, Brücken und neue Städte zu bauen. Jeder Soldat blieb zwanzig oder fünfundzwanzig Jahre lang beim Heer. Wenn er es verließ, wurde ihm in dem Gebiet, das mit seiner Hilfe erobert worden war, ein Stück Land zugewiesen. Auf diese Weise breitete sich die römische Lebensart in allen Teilen des riesigen Reiches aus.

Stadt- und Landleben im römischen Altertum

Diese Abbildung läßt erkennen, wie die Römer ihre Städte anlegten. Die Häuser und Geschäfte gruppieren sich um Mittelpunkte wie Tempel, Regierungsgebäude, das öffentliche Bad und Vergnügungsstätten. Die Fortsetzung des Bildes auf der übernächsten Seite zeigt von römischen Soldaten bewachte Sklaven beim Bau einer neuen Straße. Das Gelände unterhalb der alten Straße gehört zu einem Landgut, das Nahrungsmittel für die Stadtbevölkerung erzeugt.

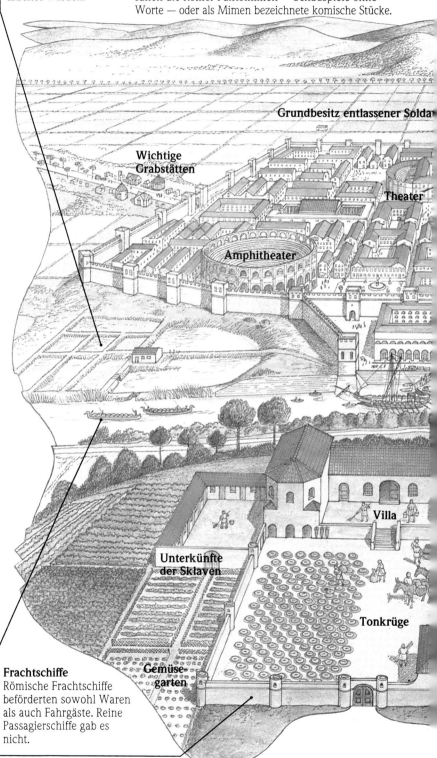

Flachsanbau
Auf sumpfigem Gelände in der Nähe der Stadt wurde Flachs angebaut, dessen Fasern zu Leinen verarbeitet wurden.

Vergnügungsstätten
Amphitheater waren gewaltige Bauten, in denen besonders ausgebildete Kämpfer, sogenannte Gladiatoren, gegeneinander oder gegen wilde Tiere kämpften. Bisweilen wurden dort auch Christen und Verbrecher den wilden Tieren vorgeworfen. Im Theater sahen die Römer Pantomimen — Schauspiele ohne Worte — oder als Mimen bezeichnete komische Stücke.

Grundbesitz entlassener Solda

Wichtige Grabstätten

Theater

Amphitheater

Villa

Unterkünfte der Sklaven

Tonkrüge

Gemüsegarten

Frachtschiffe
Römische Frachtschiffe beförderten sowohl Waren als auch Fahrgäste. Reine Passagierschiffe gab es nicht.

Landgüter
Reiche Männer besaßen oft Landgüter, die von Bauern geführt wurden, die ihnen dafür Pacht zahlten. Die Arbeit wurde größtenteils von Sklaven verrichtet. Der Gutsbesitzer wohnte mit seiner Familie in einem großen Haus, einer sogenannten Villa, zu der auch ein Tempel gehörte. Rings herum lagen Obstgärten, Weingärten und ein Gemüsegarten. Halb in die Erde versenkte Tonkrüge im Innenhof dienten zur Aufbewahrung verderblicher Lebensmittel.

Der Dienst an den Göttern
Wichtigen Göttern wie Jupiter, dem mächtigsten und größten von allen, wurden Tempel in der Stadtmitte erbaut. Die Tempel der geringeren Götter lagen in anderen Stadtteilen.

Die Stadtmitte
Der geschäftigste Teil der römischen Städte war das Forum, ein offener Platz in der Mitte der Stadt, der häufig von überdachten Wandelgängen umschlossen war. Die Basilika konnte städtische Behörden, aber auch Geschäfte beherbergen; beide hatten ihren Standort stets am Forum.

Baden und Schwimmen
Jede Stadt hatte eine öffentliche Badeanstalt zum Baden und Schwimmen. Eine Feuerstelle versorgte manche Baderäume mit warmem Wasser. Auch die Räume selbst wurden mit Rauchgasen, die von der Feuerstelle durch Kanäle im Fußboden geleitet wurden, zentral beheizt.

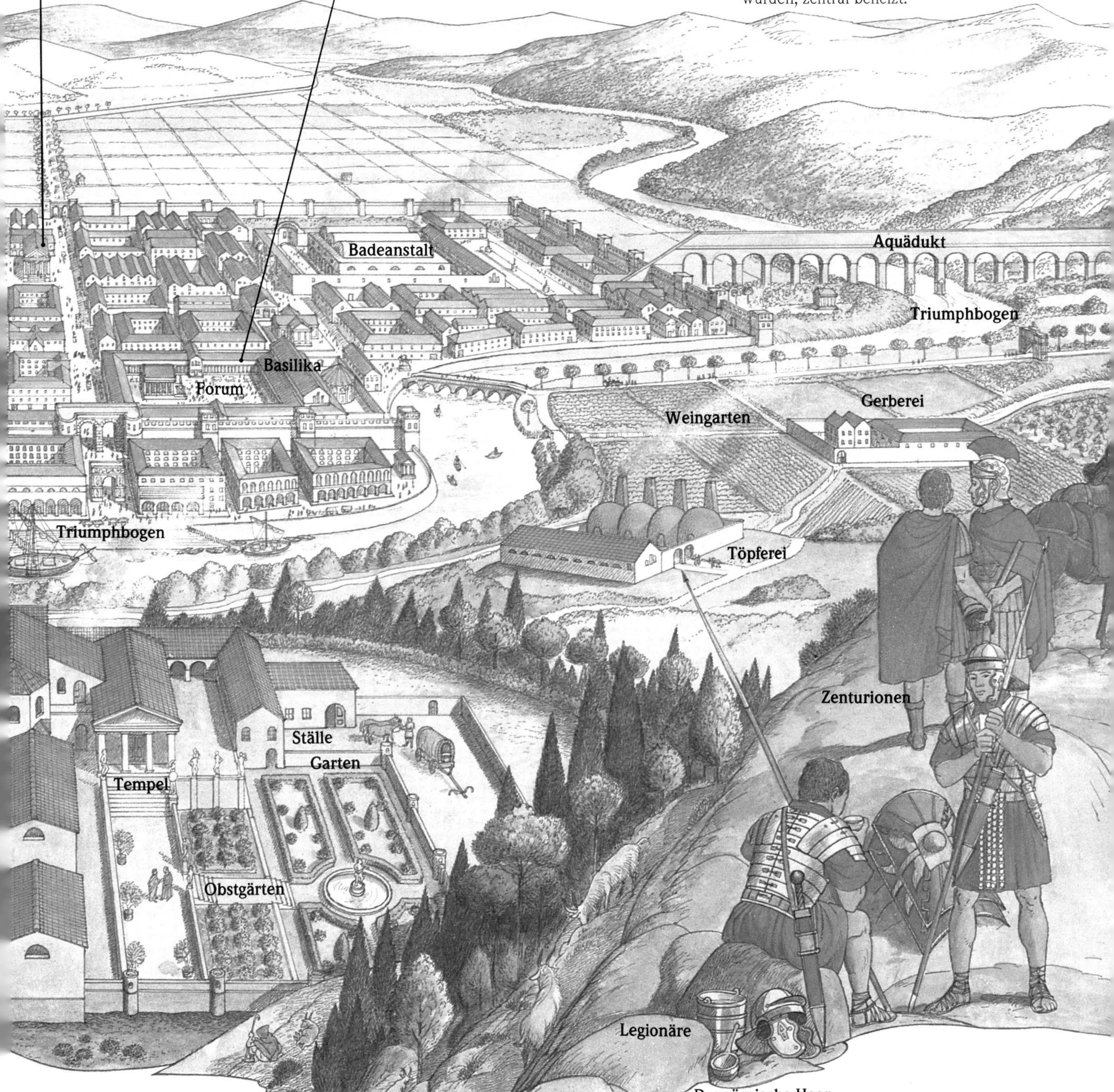

Badeanstalt

Aquädukt

Triumphbogen

Basilika

Forum

Weingarten

Gerberei

Triumphbogen

Töpferei

Zenturionen

Tempel

Ställe

Garten

Obstgärten

Legionäre

Triumphbögen
Triumphbögen wurden zu Ehren eines berühmten Feldherrn oder eines Kaisers errichtet.

Das römische Heer
Robust und gut ausgebildet, war das römische Heer eine eindrucksvolle Streitmacht. Gewöhnliche Soldaten wurden Legionäre genannt. Zenturionen waren Befehlshaber einer größeren Gruppe von Legionären. Nichtrömische Soldaten, die für Rom kämpften, bezeichnete man als Auxilien.

15

Verlassene Dörfer
In Teilen des Römischen Reiches gab es verlassene Dörfer, die einst Einheimischen gehört hatten. Ihre Bewohner waren fortgezogen, um für die Römer zu arbeiten. Als Landarbeiter lebten sie dann häufig in Hütten unweit der Landgüter.

Steinbrüche
In Steinbrüchen beschäftigte Sklaven schlugen Gestein und Schiefer los. Anschließend wurden die Steine mit Ochsenkarren dorthin gebracht, wo andere Sklaven Straßen, Häuser und Brücken bauten.

Die Wasserversorgung
Um ihre Städte mit Wasser zu versorgen, bauten die Römer — häufig mehrgeschossige — Brücken, über die sie die Wasserleitungen führten. Wenn das Wasser den sogenannten Aquädukt verlassen hatte, floß es durch unterirdische Bleileitungen in die Stadt.

Aquädukt

Landarbeiterhütten

Hilfstruppen

Arbeitssklaven

Sklaven und Bürger
Schwerarbeit wurde im Römischen Reich größtenteils von Sklaven verrichtet, die keinerlei Freiheit besaßen. Römische Bürger hingegen konnten, ob reich oder arm, leben und arbeiten, wie es ihnen gefiel.

Meilensteine
Am Straßenrand aufgestellte Steinpfeiler zeigten die Entfernungen zwischen den Ortschaften an.

Der Straßenbau
Ursprünglich bauten die Römer neue Straßen für den Durchmarsch ihrer Truppen. Später wurden diese Heerstraßen von allen Reisenden im Römischen Reich genutzt. Ihr Verlauf wurde von einem Feldmesser sorgfältig geplant. Um die gewünschte Richtung einzuhalten, verwendete er ein als Groma bezeichnetes Meßgerät.

16

Der Brückenbau

Die neuen Römerstraßen wurden oft durch stabile, gut gebaute Brücken aus Holz oder Stein über Flüsse hinweg miteinander verbunden.

Feuerholz

In der Umgebung der Städte wurden die Wälder gefällt. Die Römer ließen das Holz von Sklaven in Holzhöfen zerlegen und zu den Stadthäusern und Landgütern bringen, wo es als Brennstoff zum Heizen und Kochen benötigt wurde.

Holzhof

Kran

Goldbergwerk

Straßenbauingenieur

Groma

Der Goldbergbau

In den Bergwerken bauten Sklaven unter unmenschlichen Bedingungen Gold und andere Metalle ab.

Feldmesser

Das Stadtleben

In allen Teilen ihres Reiches errichteten die Römer Städte, wo es einst nur Dörfer oder freie Landschaft gegeben hatte. Die meisten Städte wurden nach dem Vorbild Roms gebaut. Ihren Mittelpunkt bildete das von Läden und Marktständen umgebene Forum, an dem Behörden und Tempel sowie weitere wichtige Gebäude lagen.

Häuser, Vergnügungsstätten und kleinere Tempel entstanden in anderen Stadtvierteln. Die Gassen der römischen Städte waren stets belebt mit Lastenträgern und Menschen, die zur Schule oder zur Arbeit gingen oder von dort kamen. Auch Soldaten, Sklaven und Besucher aus anderen Teilen des Reiches bewegten sich in der Menge.

Das Landleben

Sobald die Römer neue Gebiete einnahmen, bauten sie Straßen und Brücken. Wenn sie beschlossen, sich irgendwo niederzulassen, rodeten sie das Gelände und gründeten eine Stadt sowie einige Landgüter.

Die Landwirtschaft war ein wesentlicher Bestandteil des römischen Lebens, da für das Heer und die Stadtbevölkerung stets Lebensmittel benötigt wurden. Manche Güter waren recht klein, auf anderen aber arbeiteten Hunderte von Sklaven.

Die meisten Menschen, die auf dem Lande lebten, hatten ein hartes Los. Sie arbeiteten von früh bis spät auf den Feldern, rodeten die Wälder und plagten sich in Bergwerken und Steinbrüchen. Nur die reichen Römer, die in prächtigen Landhäusern — sogenannten Villen — wohnten, führten ein angenehmes Leben. Wenn auch einige von ihnen ihr großes Anwesen selbst verwalteten, blieb doch allen viel freie Zeit, sich abseits der geschäftigen Städte eines geruhsamen Daseins zu erfreuen.

Der Zusammenbruch des Reiches

Nachdem die Römer viele Jahre lang erfolgreich ihr riesiges Reich regiert hatten, begannen sich Schwierigkeiten einzustellen. Das Heer mußte Unruhen und Aufstände im Innern niederschlagen. Gleichzeitig griffen Völker, die außerhalb des Reiches lebten und von den Römern als Barbaren bezeichnet wurden, römische Güter und Städte an.

Schließlich entschloß sich der Kaiser, das Reich in ein Westreich und ein Ostreich zu teilen, da er hoffte, daß es dann leichter zu regieren sei. Das Oströmische Reich bestand noch mehrere Jahrhunderte lang, das Weströmische hingegen wurde von den Barbaren erobert. Auf seinem Boden entstanden im Verlauf der Völkerwanderung germanische Staaten.

Fünfhundert Jahre nachdem Augustus sich zum ersten Kaiser Roms ernannt hatte, wurde Italien von dem germanischen Volk der Ostgoten erobert. Rom wurde niedergebrannt, und weite Teile des Römischen Reiches wurden zerstört.

17

DIE EINFÄLLE DER BARBAREN

„Barbaren", wie die Römer die germanischen Stämme nannten, die in ihr Reich eindrangen, waren Menschen, deren Sprache sie nicht verstanden. Oft werden die Barbaren ausschließlich als die Zerstörer griechisch-römischer Lebensformen angesehen. Zweifellos waren sie rauhe Kämpfer, aber sie waren auch erfolgreiche Bauern und Händler und großartige Handwerker. Zudem übernahmen sie viele römische Vorstellungen, die sie bewunderten, einschließlich des Christentums.

Christen sind Menschen, die Jesus Christus, einen von den Römern und herrschenden Vertretern seines eigenen Volkes hingerichteten Juden, für den Sohn Gottes halten. Was wir über sein Leben wissen, stammt zum größten Teil aus dem Neuen Testament der Bibel. Schon wenige Jahre nach seinem Tod verbreiteten kleine christliche Gruppen die Lehren ihres Meisters, und dreihundert Jahre später war das Christentum die wichtigste Religion des Römischen Reiches und die christliche Kirche reich und mächtig geworden.

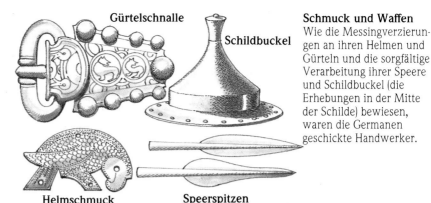

Gürtelschnalle

Schildbuckel

Helmschmuck

Speerspitzen

Schmuck und Waffen
Wie die Messingverzierungen an ihren Helmen und Gürteln und die sorgfältige Verarbeitung ihrer Speere und Schildbuckel (die Erhebungen in der Mitte der Schilde) bewiesen, waren die Germanen geschickte Handwerker.

Die Krieger der barbarischen Heere
Die Krieger der Germanen waren weder so gut ausgebildet noch so gut ausgerüstet wie die römischen Soldaten, gegen die sie kämpften. Aber viele Stammeshäuptlinge wußten, wie die Römer zu besiegen waren, weil sie in den Hilfstruppen des römischen Heeres gedient hatten. Weitaus kriegerischer als die Germanen aus Nordeuropa waren die Hunnen, die aus Asien kommend ins Römische Reich einfielen und Schrecken verbreiteten, wo immer sie auftauchten.

Ein großer Führer im Krieg
Unter der Führung ihres großen Königs Attila, der als „Gottesgeißel" gefürchtet wurde, zerstörten die Hunnen zahlreiche römische Städte und Festungen.

Einfälle in das Römische Reich
Das germanische Volk der Goten hatte seit vielen Jahren an den Grenzen des Römischen Reiches für Unruhe gesorgt. Die Goten teilten sich schließlich in die beiden großen Gruppen der West- und Ostgoten. Durch ihre Einfälle in Italien und anderen wichtigen Teilen des Römischen Reiches trugen vor allem die Westgoten zum Untergang des Weströmischen Reiches bei.

Wilde Nomaden
Die Hunnen waren ein Nomadenvolk aus Asien, das auf der Suche nach Nahrung und Beute von Ort zu Ort zog. Hervorragende Krieger zu Pferde, fielen sie, eine Bahn der Zerstörung hinter sich lassend, in Teile des Römischen Reiches ein.

Schwertgriffe

Axtblätter

Germanische Schwerter und Äxte

Schwerter wurden in der Regel nur von Königen und bedeutenden Kriegern getragen. Schauerlich aussehende Äxte, die aus kurzer Entfernung gegen einen Feind geschleudert wurden, waren weit verbreitete Waffen der Franken. Später benutzten sie schwerere Streitäxte.

Einfälle aus Übersee

Die Germanen drangen nicht nur auf dem europäischen Kontinent in andere Länder vor, sondern gelangten auch über das Meer nach Britannien. Vor rund 1500 Jahren fielen drei germanische Stämme — die Sachsen, Angeln und Jüten — im Süden Britanniens ein und teilten die unterworfenen Gebiete in sieben Königreiche auf, die bis zur normannischen Eroberung weiterbestanden. Die Bezeichnung „England" bedeutet „Land der Angeln" und geht auf das Gebiet zurück, das von den Angeln besiedelt worden war.

Freunde und Feinde

Der germanische Stamm der Franken war mit den Römern verbündet gewesen, bevor er begann, in das Römische Reich einzufallen.

Zum Christentum bekehrte Barbaren

Der erste Führer der Barbaren, der sich zum Christentum bekehrte, war der Frankenkönig Chlodwig, der das zum Römischen Reich gehörende Gallien eroberte. Zum Zeitpunkt seines Todes hatte sich die Macht der Franken über Gallien so gefestigt, daß es nach ihnen in „Frankreich" umbenannt wurde.

Die frühen Christen

Im Anfang hielten die Römer die Christen für Unruhestifter und verfolgten sie. Viele Christen wurden im Amphitheater sogar den Löwen vorgeworfen.

Konstantin war der erste römische Kaiser, der sich zum Christentum bekannte. Durch seine Politik wurde die christliche Kirche später zur Reichskirche.

Die Lehren des Christentums wurden durch Prediger wie den heiligen Augustinus in verschiedene Teile der Welt getragen.

Der Frankenkönig Karl der Große wurde zum römischen Kaiser gekrönt, nachdem er große Teile Europas zu einem bedeutenden christlichen Reich geeint hatte.

DIE AUSBREITUNG DES CHRISTENTUMS

Seit den Anfängen der christlichen Religion *(siehe S. 18—19)* glaubten manche Menschen, sie wären bessere Christen, wenn sie in die Einsamkeit gingen, um dort betend und in Gedanken an Gott ein einfaches Leben zu führen. Diese Männer wurden (nach dem griechischen Wort für „allein") Mönche genannt. Während manche Mönche es auch später vorzogen, allein zu leben, begannen andere im 4. nachchristlichen Jahrhundert, sich in sogenannten Klöstern zu religiösen Gemeinschaften zusammenzuschließen. Auch Frauen — Nonnen genannt — begannen, in Klöstern zusammenzuleben.

Bis zum 6. nachchristlichen Jahrhundert waren überall in Europa Klöster entstanden. Viele der religiösen Gemeinschaften oder „Orden", die in ihnen lebten, folgten den Richtlinien, die der hl. Benedikt, ein italienischer Mönch, für das Klosterleben verfaßt hatte. Der hl. Benedikt forderte, daß jeder Mönch die anderen Mönche als seine zweite Familie mit dem Oberen oder Abt als seinen zweiten Vater betrachte. Die Benediktregel bestimmte auch, wie die Mönche sich den Tag zwischen Arbeit und Gebet einteilen sollten.

Das große Zeitalter der Klöster

Die germanischen Stämme, die Teile des Römischen Reiches in Besitz nahmen *(siehe S. 18—19)*, hatten stets ihre eigenen Götter verehrt und versuchten zunächst, die christliche Religion auszumerzen. Erst als unerschrockene Mönche wie der hl. Augustinus *(siehe S. 18—19)* die christliche Lehre zu predigen begannen, kehrten von den Barbaren beherrschte Länder zum Christentum zurück, und die Kirchen und Klöster wurden wieder aufgebaut.

In der Folgezeit entwickelten sich die Klöster nicht nur zu Zufluchtsorten für Arme und Kranke, sondern auch zu bedeutenden Stätten der Gelehrsamkeit. Viele Jahre lang waren es vor allem die Mönche, die schrieben und malten und auch den meisten Kindern Unterricht im Lesen und Schreiben erteilten.

Obwohl viele Klöster durch die Wikingerzüge *(siehe S. 22—23)*, den Schwarzen Tod *(siehe S. 26 bis 27)* und ähnliche Ereignisse zerstört wurden, nahmen Mönche und Nonnen noch Hunderte von Jahren einen bedeutenden Platz im europäischen Leben ein.

Ein Zisterzienserkloster

Während manche Mönche recht einfache Abteien oder Klöster bewohnten, lebten andere in großen Gemeinschaften, die viel Land besaßen. Fountains Abbey im Norden Englands (rechts) wurde von Zisterziensermönchen errichtet. Die Zisterzienser bauten ihre Abteien stets dort, wo sie Landwirtschaft betreiben konnten.

Muslime und der Islam

Muslime sind Anhänger des Islams, einer Religion, die im 7. nachchristlichen Jahrhundert von dem großen Lehrer Mohammed gestiftet wurde. Wie Christen und Juden glauben Muslime an einen alleinigen Gott, den sie Allah nennen. Die ersten Anhänger des Islams, die Araber, trugen ihre Religion schon bald in die asiatischen, nordafrikanischen und europäischen Länder, die sie eroberten. Für alle diese Länder bedeuteten die überlegenen Kenntnisse der Araber auf den Gebieten der Medizin, der Naturwissenschaft und der Kunst einen Gewinn.

Arabische Krieger

Mönch

Bettelmönch

Abt

Arabische Moschee

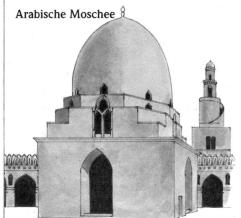

Moscheen, die Gebetsstätten der Muslime, gehören zu den schönsten Bauten der Araber.

Nach Mohammeds Tod begannen die Araber, „heilige" Kriege zu führen, die den Islam in andere Länder tragen sollten.

Das Klosterleben

Mönche gelobten, ihren Besitz aufzugeben, nie zu heiraten und ihren Oberen, darunter dem Abt des Klosters, Gehorsam zu leisten. Bettelmönche verzichteten darüber hinaus auch auf gemeinschaftlichen Besitz und lebten nur von ihrer Arbeit und erbettelten Almosen.

Speise- und Schlafräume
Die Mönche aßen im Refektorium (Speiseraum) und schliefen im Dormitorium (Schlafraum). Die Laienbrüder, Ordensmänner ohne priesterliche Weihen, die überwiegend praktische Arbeiten erledigten, hatten ihre eigenen Räume.

Der Mittelpunkt des Klosterlebens
Das wichtigste aller Klostergebäude war die Kirche, in deren Chor die Mönche sangen und beteten.

Ein ruhiger Wandelgang
Der überdeckte Kreuzgang umschloß einen rechteckigen Hof, in dem oft Gemüse angebaut wurde.

Laien-dormitorium

Kirche

Laien-refektorium

Kreuzgang

Krankenhaus

Möchs-refektorium

Abt-wohnung

Mönchs-dormitorium

Feld- und Gartenbau
Fast alle Klöster erzeugten ihre Nahrungsmittel selbst. Manche Mönchsorden, wie der Orden der Zisterzienser, waren besonders an der Landwirtschaft interessiert.

Die tägliche Arbeit
Neben der Arbeit auf dem Feld und im Gemüsegarten verrichteten Mönche auch Arbeiten in der Küche, dem Backhaus, den Ställen und den Werkstätten. Manche Mönche arbeiteten in der Bibliothek, wo sie Bücher banden, abschrieben und illustrierten.

Die Krankenpflege
Die ersten Krankenhäuser wurden fast alle von Mönchen oder Nonnen gegründet. Da die Pflege der Alten und Kranken zu den wichtigsten Tätigkeiten der Ordensleute gehörte, war den Klöstern stets ein großes Krankenhaus angegliedert.

21

DIE WIKINGER

Rund vierhundert Jahre nachdem germanische Stämme ins Römische Reich eingefallen waren *(siehe S. 18–19)*, begannen neue Horden grimmiger Krieger Teile Europas heimzusuchen. Diese Eindringlinge, die aus dem Gebiet des heutigen Dänemarks, Norwegens und Schwedens kamen, wurden von ihren Zeitgenossen Normannen (Nordmänner) oder Wikinger (das heißt „Seeräuber") genannt.

Die meisten Wikinger lebten von der Landwirtschaft. Sie waren jedoch auch Seefahrer, die lange Reisen unternahmen, um Handel zu treiben und neue Länder kennenzulernen.

Zunächst überfielen die Wikinger andere Länder, um Schafe, Rinder und sonstige Güter für ihren Unterhalt zu rauben und um Klöster und ähnliche Stätten zu plündern. Sie waren sehr gefürchtet, und zwar nicht nur, weil sie völlig unvorhergesehen an den Küsten auftauchten, sondern auch, weil sie die Dörfer, die sie ausraubten, oft in Flammen aufgehen ließen und die Einheimischen, einschließlich wehrloser Frauen und Kinder, niedermetzelten.

Nachdem die Wikinger viele Jahre mit Beutezügen verbracht hatten, begannen sie, sich nach neuem Acker- und Siedlungsland umzusehen, und landeten in verschiedenen Wellen an den Küsten Englands, Schottlands, Irlands, Hollands, Deutschlands und Frankreichs. Ein Teil der Wikinger oder Normannen ließ sich in der Gegend der nach ihnen benannten Normandie an der Küste Nordfrankreichs nieder und eroberten England.

Kriegsschiffe
Die als Langschiffe bezeichneten Kriegsschiffe der Wikinger waren schlank gebaut und daher schnell. Ihr Bug endete oft in einem geschnitzten Drachenkopf.

Handelsschiffe
Die Wikinger waren hervorragende Schiffbauer. Die meisten ihrer Schiffe waren Handelsschiffe und dienten dazu, die auf ihren Raub- oder Handelszügen erworbenen Waren zu transportieren.

Ein angelsächsisches Dorf

Die Angelsachsen waren Germanen, die sich in Britannien niederließen *(siehe S. 18–19)*. Sie lebten gewöhnlich in kleinen dörflichen Siedlungsgemeinschaften und schützten sich durch Palisaden gegen Feinde und wilde Tiere. Die Bauern wohnten in Hütten, die um die größeren Häuser der Adligen herum gebaut waren.

Wikingerüberfälle

Es gab zwei Arten von Wikingerüberfällen. Manchmal kehrten die Kriegshorden rasch zu ihren Booten zurück, nachdem sie so viel Beute gemacht hatten, wie sie in ihre Heimat schaffen konnten. Manchmal kamen sie aber nicht nur, um die einheimische Bevölkerung auszurauben, sondern auch, um nach neuem Ackerland für sich und ihre Familien Ausschau zu halten.

Einfaches Landen
Die Schiffe waren so leicht und flach gebaut, daß sie Flüsse hinaufsegeln und mühelos an Land gezogen werden konnten.

Überraschungsangriffe
Die Wikinger landeten gewöhnlich in kleinen Gruppen an ungeschützten Küsten oder Flußufern. Anschließend zogen sie ins Landesinnere, wo sie die Ortschaften und Klöster plünderten und niederbrannten.

Waffen und Rüstungen
Die wichtigsten Waffen der Wikinger waren Speere, Schwerter und Breitbeile. Zu ihrem Schutz trugen sie Schilde und Metall- oder Lederhelme.

Die „Raserei der Normannen"
Ein Wikingerüberfall war für Städter, Bauern und Mönche ein so grauenhaftes Erlebnis, daß in manchen Kirchen Europas ein besonderes Gebet gesprochen wurde, dessen erste Worte lauteten: „Gott erlöse uns von der Raserei der Normannen."

Die normannische Eroberung

Als Graf Harold von Wessex Herzog Wilhelm von der Normandie in Frankreich besuchte, versprach er, ihm zu helfen, König von England zu werden.

Aber als der englische König Eduard starb, wurde Harold zum König gewählt. Daraufhin führte Wilhelm 5000 Mann über das Meer gegen England.

In der Schlacht bei Hastings wurde König Harold II. besiegt und von den Normannen getötet. Wilhelm und sein Heer eroberten das angelsächsische England.

Als König von England baute Wilhelm Festungen zum Schutz seiner neuen Heimat. Eine berühmte normannische Festung ist der White Tower in London.

23

RITTER UND KREUZFAHRER

Zu Pferd in den Krieg ziehende Soldaten, sogenannte Ritter, hatte es zwar schon im Altertum
gegeben, im Mittelalter aber gewannen sie erheb-
lich an Bedeutung. Manche Ritter gehörten dem
landbesitzenden Adel an, andere standen in den
Diensten eines Landesherrn, und später gelang es
auch Menschen aus dem Bürgertum, Ritter zu werden. Aufgabe der Ritter war es, Männer um sich
zu scharen, die in Kriegszeiten für den König
kämpften. Außerdem sollten Ritter gute Christen
sein und die christliche Kirche gegen ihre Feinde
verteidigen.

Die Kreuzzüge

Christliche Wallfahrer hatten von alters her die
Stätten im Heiligen Land besucht, von denen die
Bibel erzählt. Im 7. nachchristlichen Jahrhundert
war das Heilige Land von Muslimen (siehe S. 20—
21) erobert worden. Als die christlichen Wallfahrer
mit den dort lebenden Muslimen in Konflikt gerie-
ten, wurden christliche Heere ausgesandt, die das
Heilige Land von den Muslimen zurückerobern
sollten. Die Kriege der christlichen gegen die
muslimischen Heere wurden als Kreuzzüge
bezeichnet, und die Ritter und gewöhnlichen
Soldaten, die auf christlicher Seite kämpften,
nannte man Kreuzfahrer.

Die Kreuzfahrer errangen im Heiligen Land
einige wichtige Siege, doch ihre Führer lagen oft
miteinander im Streit, und stets fehlte es ihnen an
Truppen, um das eroberte Land halten zu können.
Nach einer Reihe von Kreuzzügen gaben die Christen es auf, das Heilige Land zurückerobern zu
wollen. Ihre Heere kehrten nach Europa zurück
und überließen das Land den Menschen, die dort
lebten.

Angriff und Verteidigung

*Die Schlachten zwischen den Kreuzfahrern und
ihren muslimischen Gegnern waren größer und
besser geplant als die Schlachten vorrangegange-
ner Kriege. Diese Bilder zeigen, wie Burgen gebaut
und besondere Waffen und Rüstungen angefertigt
wurden, damit die Soldaten beider Seiten die
wichtigen Stätten im Heiligen Land angreifen
beziehungsweise verteidigen konnten.*

Körperschutz
Kreuzfahrer waren oft
vom Scheitel bis zur
Sohle in einen Kettenpanzer
gehüllt, der aus vielfach
verketteten Stahlringen
bestand und schwer
und unbequem gewesen
sein muß.

Grimmige Krieger
Die Muslime bekämpften
die schwer bewaffneten
Kreuzfahrer mit Dolchen,
leichten Schwertern und
Bogen. Sie waren vorzüg-
liche Reiter, die auf ihren
schnellen Pferden blitz-
artige Angriffe vortragen
konnten.

Eine mächtige Festung
Krak des Chevaliers war die stärkste und wichtigste
Kreuzfahrerburg im Heiligen Land. Hatten sie erst einmal
derartige Festungen errichtet, konnten oft nur wenige
Kreuzfahrer das umliegende Land beherrschen und selbst
von großen muslimischen Heeren lange vergeblich
belagert werden. Krak des Chevaliers wurde ein Jahr
lang belagert, ehe es kapitulierte.

Belagerungswaffen
Die Kreuzfahrer lernten
von den Muslimen viel
über Belagerungswaffen.
Ein gewaltiges, Steine
werfendes Katapult
namens „Böser Nachbar"
half den Christen, die
muslimische Stadt
Akkon zurückzuerobern.

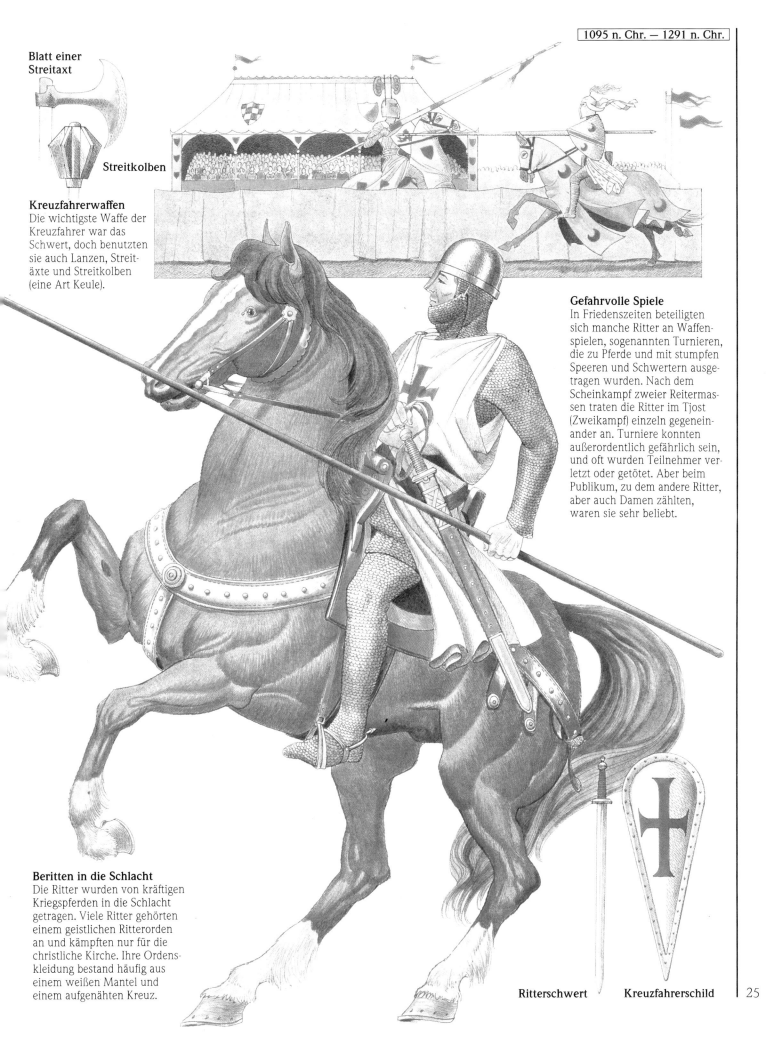

**Blatt einer
Streitaxt**

Streitkolben

Kreuzfahrerwaffen

Die wichtigste Waffe der
Kreuzfahrer war das
Schwert, doch benutzten
sie auch Lanzen, Streit-
äxte und Streitkolben
(eine Art Keule).

Gefahrvolle Spiele

In Friedenszeiten beteiligten
sich manche Ritter an Waffen-
spielen, sogenannten Turnieren,
die zu Pferde und mit stumpfen
Speeren und Schwertern ausgetragen wurden. Nach dem
Scheinkampf zweier Reitermas-
sen traten die Ritter im Tjost
(Zweikampf) einzeln gegeneinander an. Turniere konnten
außerordentlich gefährlich sein,
und oft wurden Teilnehmer ver-
letzt oder getötet. Aber beim
Publikum, zu dem andere Ritter,
aber auch Damen zählten,
waren sie sehr beliebt.

Beritten in die Schlacht

Die Ritter wurden von kräftigen
Kriegspferden in die Schlacht
getragen. Viele Ritter gehörten
einem geistlichen Ritterorden
an und kämpften nur für die
christliche Kirche. Ihre Ordens-
kleidung bestand häufig aus
einem weißen Mantel und
einem aufgenähten Kreuz.

Ritterschwert   **Kreuzfahrerschild**   25

KRIEG UND PEST

England und Frankreich hatten viele Kriege gegeneinander geführt, seit Wilhelm der Eroberer in England gelandet war *(siehe S. 22—23)*. Die längsten Auseinandersetzungen zwischen den beiden Ländern wurden auf französischem Boden ausgetragen und später der Hundertjährige Krieg genannt.

Dieser Krieg begann, als der englische König Eduard III., dessen Mutter Französin war, Anspruch auf den französischen Thron erhob. Englische Könige hatten einst große Gebiete in Frankreich beherrscht, die ihnen zugefallen waren, als Heinrich II. von England eine französische Königin geheiratet hatte. Aber zu Beginn des Hundertjährigen Krieges hatte England die Herrschaft über diese Gebiete mit Ausnahme der Gascogne eingebüßt.

In zwei Abschnitten des Krieges errangen die englischen Heere Erfolge: zunächst unter der Führung Eduards III. und später unter Heinrich V., einem weiteren Soldatenkönig. Beide Könige besaßen weniger Truppen als ihre Gegner, waren jedoch ausgezeichnete Feldherren und wußten die Fähigkeiten der englischen Langbogenschützen geschickt einzusetzen. In den beiden wichtigen Schlachten bei Crécy und Azincourt besiegten die englischen Bogenschützen weit größere französische Heere, die überwiegend aus gepanzerten Rittern bestanden.

Aber die Engländer hatten nie genügend Soldaten oder Vorräte, um ihre Überlegenheit aufrechtzuerhalten, und in der Zeit zwischen den englischen Siegen gewannen die Franzosen die Herrschaft über ihr Land zurück. Am Ende des Krieges hatte England seine gesamten festländischen Besitzungen, einschließlich der Gascogne, verloren. Einzig die französische Stadt Calais war noch in englischer Hand, und dieses letzte Bollwerk des Gegners eroberten die Franzosen im 16. Jahrhundert zurück.

Eine tödliche Waffe
Der Langbogen war die wichtigste Waffe des englischen Heeres. Die Bogenschützen konnten ihre Pfeile so schnell über große Entfernungen schicken, daß sie Verwirrung und schwere Verluste unter den französischen Ritterheeren stifteten.

Die Belagerung einer Stadt
Sowohl die Engländer als auch die Franzosen verwendeten bei der Belagerung von Städten in Frankreich Kanonen. In diesem Krieg wurden erstmals in Europa schwere Feuerwaffen und Schießpulver eingesetzt.

Der Hundertjährige Krieg

Wo die Engländer, wie bei Crécy und Azincourt, eine Schlacht gewannen, verdankten sie ihren Sieg über die Franzosen ihren Langbogenschützen.

Da die französischen Bauern von den englischen und französischen Truppen um ihre Ernte und ihr Vieh gebracht wurden, mußten viele von ihnen betteln gehen.

Später wurden die Franzosen von einem Bauernmädchen, Jeanne d'Arc, angeführt, das ihnen bei Orléans zu einem entscheidenden Sieg verhalf.

Die Engländer nahmen Jeanne gefangen und verbrannten sie als Hexe auf dem Scheiterhaufen. Dennoch gewannen die Franzosen schließlich den Krieg.

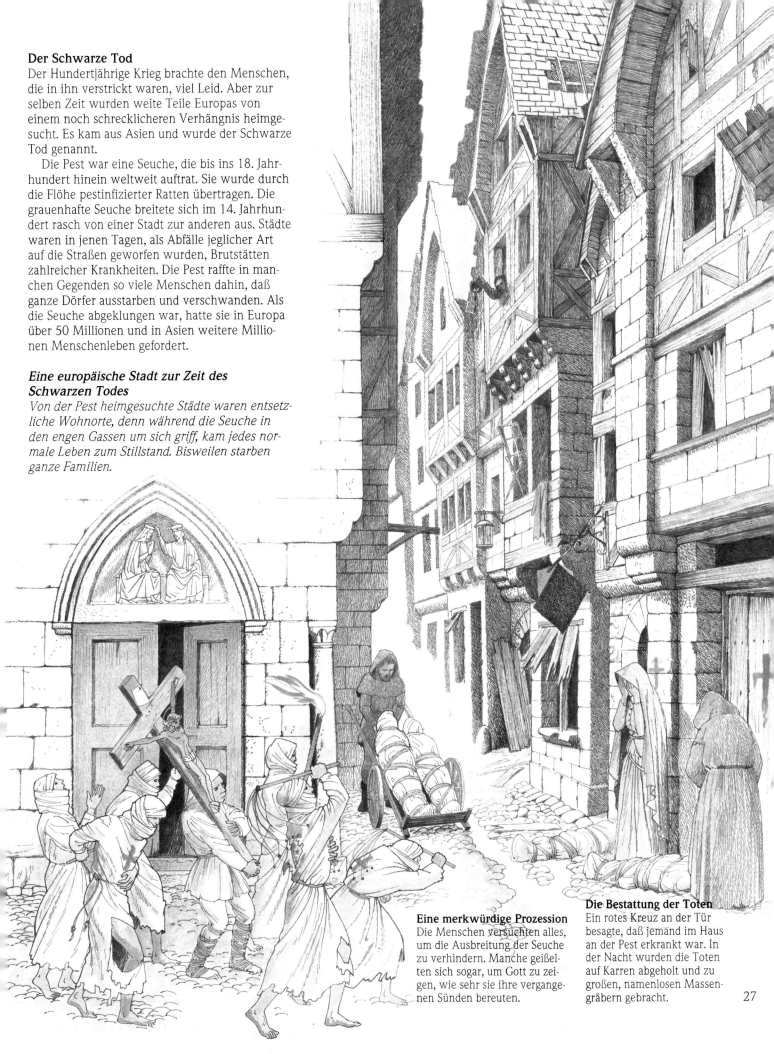

Der Schwarze Tod

Der Hundertjährige Krieg brachte den Menschen, die in ihn verstrickt waren, viel Leid. Aber zur selben Zeit wurden weite Teile Europas von einem noch schrecklicheren Verhängnis heimgesucht. Es kam aus Asien und wurde der Schwarze Tod genannt.

Die Pest war eine Seuche, die bis ins 18. Jahrhundert hinein weltweit auftrat. Sie wurde durch die Flöhe pestinfizierter Ratten übertragen. Die grauenhafte Seuche breitete sich im 14. Jahrhundert rasch von einer Stadt zur anderen aus. Städte waren in jenen Tagen, als Abfälle jeglicher Art auf die Straßen geworfen wurden, Brutstätten zahlreicher Krankheiten. Die Pest raffte in manchen Gegenden so viele Menschen dahin, daß ganze Dörfer ausstarben und verschwanden. Als die Seuche abgeklungen war, hatte sie in Europa über 50 Millionen und in Asien weitere Millionen Menschenleben gefordert.

Eine europäische Stadt zur Zeit des Schwarzen Todes

Von der Pest heimgesuchte Städte waren entsetzliche Wohnorte, denn während die Seuche in den engen Gassen um sich griff, kam jedes normale Leben zum Stillstand. Bisweilen starben ganze Familien.

Eine merkwürdige Prozession

Die Menschen versuchten alles, um die Ausbreitung der Seuche zu verhindern. Manche geißelten sich sogar, um Gott zu zeigen, wie sehr sie ihre vergangenen Sünden bereuten.

Die Bestattung der Toten

Ein rotes Kreuz an der Tür besagte, daß jemand im Haus an der Pest erkrankt war. In der Nacht wurden die Toten auf Karren abgeholt und zu großen, namenlosen Massengräbern gebracht.

27

DIE RENAISSANCE

Im Laufe des 15. Jahrhunderts begannen viele Menschen in Europa, die lesen und schreiben konnten, weniger auf ihre Herrscher und Priester zu hören und sich statt dessen selbst mit neuen Gedanken auseinanderzusetzen. Zur gleichen Zeit wandten sie sich den Künsten und Wissenschaften der alten Griechen *(siehe S. 12—15)* und Römer *(siehe S. 14—17)* zu. Die neue Denkweise und die Wiederentdeckung früheren Wissens führten zu einer Epoche der Geschichte, die später als „Renaissance" (französisch für „Wiedergeburt") bezeichnet wurde.

Die Renaissance ist nicht nur ihrer künstlerischen und wissenschaftlichen Leistungen wegen ein bedeutendes Zeitalter, sondern auch wegen der Veränderungen, die sich allmählich im Denken und Leben der Menschen vollzogen. Sie breitete sich schließlich über ganz Europa aus, ihre Anfänge aber lagen in den Städten Nord- und Mittelitaliens.

Die neuen, reichen Kaufleute

Zu Beginn der Renaissance war Italien kein geeintes Land, sondern bestand aus verschiedenen Kleinstaaten. Manche von ihnen waren durch den Handel mit Waren reich und mächtig geworden. So hatten Händler aus Stadtstaaten wie Florenz, Venedig, Genua und Mailand verschiedene Länder des Ostens bereist, darunter Indien und China, und Luxusgüter wie Gewürze und Seiden mitgebracht. Da sie diese Waren billig eingekauft und zu hohen Preisen in weiten Teilen Europas verkauft hatten, waren sie zu großem Reichtum gelangt.

Die Medici

Eine der berühmtesten Renaissancefamilien waren die Medici, die durch den Handel und das Bankwesen ein großes Vermögen erworben hatten und viele Jahre lang in Florenz regierten. Aber wie viele bedeutende Renaissancefamilien dachten die Medici nicht allein an Macht und Geld. Reiche Männer wie Cosimo und Lorenzo de'Medici nutzten ihr Geld und ihren Einfluß auch dazu Architekten, Künstler, Schriftsteller und Gelehrte zu fördern.

Eine italienische Stadt im Zeitalter der Renaissance

Das Bild rechts, das auf den beiden folgenden Seiten fortgesetzt wird, zeigt Stadt und Land eines italienischen Stadtstaats im Zeitalter der Renaissance. Ein Stadtstaat war eine selbständige Stadt, die nicht nur ihre ländliche Umgebung, sondern auch weniger mächtige Städte des Umlands beherrschte.

Verfallene Burgen
Die Ländereien früherer Landbesitzer und Fürsten waren in den Besitz der Stadtstaaten übergegangen. Die alten Burgen standen leer und verfielen.

Wichtige Gebäude
Jeder Kaufmann war Mitglied einer Zunft, einer Vereinigung von Menschen, die denselben Beruf ausübten und in einem großen Gebäude, dem Zunfthaus, geschäftliche Dinge besprachen. Ein weiteres wichtiges Gebäude war das Rathaus, der Sitz der städtischen Regierung.

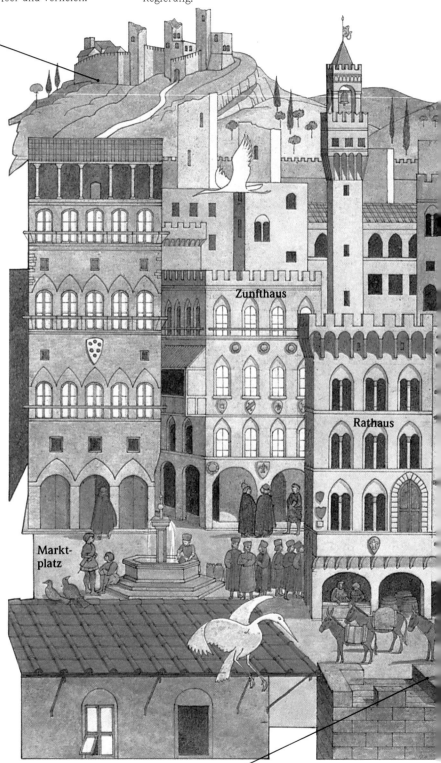

Zunfthaus

Rathaus

Marktplatz

Prächtige Paläste
Erfolgreiche Geschäftsleute und Händler ließen sich von ihrem Geld großartige Häuser und Paläste bauen. Nur den wichtigsten Bürgern war es erlaubt, ihr Haus oder ihren Palast am Marktplatz zu bauen.

Bauen und Verzieren
Die Maurer und Steinmetze, die neue Gebäude errichteten und verzierten, ahmten oft den Baustil der alten Griechen und Römer nach.

Prächtige Kirchen

Da die Stadt und das Vermögen ihrer Einwohner wuchsen, wurde die kleinere alte Kirche durch eine neue Kathedrale ersetzt.

Lehrer und Priester

Die Kinder der wohlhabenden Bürger erhielten Unterricht in neu erbauten Schulen und Universitäten. Aber da die römisch-katholische Kirche zur Zeit der Renaissance außerordentlich mächtig war, spielten Priester und Mönche eine noch wichtigere Rolle als Lehrer.

Die Geldgeschäfte der Stadt

Zu den wichtigsten Bereichen im Wirtschaftsleben der Stadt gehörte das Bankgeschäft. Jede größere Stadt hatte ihre eigene Bank, die gewöhnlich in den Händen einer mächtigen Familie lag.

Das Stadttor

Die Stadt war von hohen Mauern umgeben, deren streng bewachtes Haupttor allabendlich verschlossen und bei Kriegen mit benachbarten Staaten verbarrikadiert wurde. Gleich hinter dem Haupttor lag ein Krankenhaus, in dem Pilger und Reisende von Mönchen gepflegt wurden.

Priester

Krankenhaus
für
Pilger

Haupt-
tor

Apotheker

Lehrer

Gewandhaus

Der Marktplatz

Auf dem Marktplatz, dem betriebsamsten Ort der Stadt, herrschte stets ein Gedränge von Menschen, die Waren kauften oder verkauften oder Geschäfte besprachen. Zu den wichtigsten Erzeugnissen der Stadt gehörten Tuche, die im Gewandhaus gelagert und verkauft wurden.

Die Verteidigung der Stadt

Da die Städte mit ihren Nachbarn oft im Streit lagen, beschäftigten sie Söldnerführer, die ihre eigenen Truppen aufstellten und in Kriegszeiten gegen Bezahlung für sie kämpften.

Gehenkte Verbrecher

Der städtische Galgen stand am Marktplatz. Der Anblick hingerichteter Verbrecher sollte den zahlreichen Vorübergehenden zur Warnung dienen.

29

Das Leben auf dem Land

Die ländliche Umgebung der Stadt wurde vom Stadtstaat regiert. Der größte Teil dieses Gebietes war in Landgüter aufgeteilt, die reichen Bürgern gehörten. Ein weiterer Teil gehörte der Kirche. Die Bauern, die auf den Gütern arbeiteten, führten ein sehr hartes Leben. Sie mußten von früh bis spät die Felder bestellen und das Vieh versorgen.

Gemeinsamer Gottesdienst

Die einzige Begegnung zwischen arm und reich fand beim gemeinsamen Gottesdienst in der Kirche des Ortes statt.

Landpartien

Die reichsten Bürger errichteten große Landhäuser auf ihren Gütern. Zwar hielt der Gutsbesitzer sich überwiegend in der nahen Stadt auf, doch besuchte er sein Anwesen gelegentlich, um zu jagen oder ein Fest für seine Freunde zu veranstalten.

Bauernhäuser

Die meisten Bauern waren in der Lage, ein kleines Stück Land von den Gutsbesitzern zu pachten, um dort ihr Häuschen zu errichten und einige Feldfrüchte für den eigenen Bedarf anzubauen.

Bauernhaus

Falkner

Weingarten

Künstler

Fürst

Schausteller

Unterhaltung der Gäste

Der Herrscher des Stadtstaats bezahlte Schausteller dafür, daß sie Gästen aus anderen Staaten und Ländern ihre Künste vorführten.

Der Herrscherpalast

Der Fürst oder Herrscher eines Stadtstaats gehörte in der Regel einer reichen und mächtigen Familie an. Nur die wichtigsten Bürger des Staates wählten ihn; die Armen hatten kein Stimmrecht. Künstler und Gelehrte wurden vom Herrscher dafür bezahlt, daß sie in seinem Palast lebten und arbeiteten.

Die Frauen der Renaissance

Wenngleich die Töchter reicher Familien gewöhnlich Lesen und Schreiben lernten, besaßen sie weniger Freiheit als die Männer. Es wurde von ihnen erwartet, daß sie in sehr jungen Jahren einen Mann heirateten, den ihr Vater für sie ausgeucht hatte. Von diesem Zeitpunkt an blieben sie daheim, um den Haushalt zu führen.

Gutes Weideland

Während der Wintermonate trieben Schafhirten ihre Herden von den Bergen hinab, um sie in der Ebene weiden zu lassen. Im allgemeinen lagen die Weiden in der Nähe eines Flusses oder des Meeres. Die Hirten mußten für die Nutzung dieser Flächen eine bestimmte Summe an die Stadt zahlen, konnten dafür aber auch Wolle und Lämmer auf dem städtischen Markt verkaufen.

Handelszentren

Da keiner der italienischen Stadtstaaten weitab vom Meer lag, konnten italienische Kaufleute von nahen Häfen aus in ferne Länder reisen, um Handelsbeziehungen anzuknüpfen. Manche der reicheren Kaufmannsfamilien ließen die italienischen Häfen und Handelsschiffe auf ihre Kosten verbessern.

Die Baukunst und die bildenden Künste der Renaissance

Die Medici und andere wohlhabende Familien der Renaissance benutzten ihr Geld dazu, Künstler zu fördern, deren Werke ihnen gefielen. Architekten wurden beauftragt, große Paläste, Kirchen und Brücken zu bauen; berühmte Maler wurden aufgefordert, Porträts anzufertigen oder Haus- und Kirchenwände zu bemalen, und Bildhauer schufen Skulpturen zu Ehren berühmter Bürger.

Die Ausbreitung des Wissens

Daneben war die Renaissance eine Epoche, in der die Menschen die Welt, in der sie lebten, genauer kennenlernen wollten. Reiche Bürger bauten Büchereien und Universitäten, und mit der Erfindung der Buchdruckerkunst wurden Bücher nicht nur für Priester und Gelehrte, sondern auch für die Allgemeinheit zugänglich.

Die Renaissance brachte geniale Menschen hervor, die auf verschiedenen Gebieten Außerordentliches leisteten. Leonardo da Vinci war nicht nur ein begnadeter Maler, Bildhauer und Architekt, sondern darüber hinaus auch ein hervorragender Ingenieur und Naturforscher. Michelangelo war ebenso ein großartiger Bildhauer, Maler, Architekt wie Dichter.

Die Ausstrahlung der Renaissance

Berichte über die zahlreichen Errungenschaften der italienischen Renaissance drangen bald über die Landesgrenzen hinaus. Bis zum Ende des 16. Jahrhunderts waren viele Ideen der Renaissance nach Frankreich, Spanien, Deutschland und England gelangt. Wissenschaftler begannen, die Gedanken von Männern wie Galilei weiterzuführen, eines Mathematikers und Physikers, der erstmals ein Fernrohr zur Beobachtung der Sterne und Planeten eingesetzt hatte.

Auch die europäische Baukunst wurde lange Zeit von der Renaissance beeinflußt. So entwarf der Engländer Christopher Wren die Paulskirche in London nach dem Vorbild der römischen Peterskirche, die aus der Renaissance stammt.

Die Stadtstaaten verlieren an Bedeutung

Im 16. Jahrhundert erschlossen Entdecker und Kaufleute aus Spanien, England und anderen europäischen Ländern dem Handel neue Seewege nach Asien, Afrika und Amerika. Je erfolgreicher diese Kaufleute waren, desto weniger Gewinn erzielten die Händler der italienischen Stadtstaaten, und so verloren auch die Städte selbst an Bedeutung und Einfluß. Zu diesem Zeitpunkt aber hatten die Leistungen ihrer klügsten und schöpferisch begabtesten Bürger die Lebensweise der Europäer so nachhaltig verändert, daß die Renaissance von späteren Epochen als der Beginn der Neuzeit angesehen wurde.

Einheimische Lebensmittel

Zu den Grundnahrungsmitteln, die auf dem Land in der Umgebung der Stadt erzeugt wurden, gehörten Oliven und Weintrauben. Das aus den Oliven gepreßte Öl wurde zum Kochen benutzt, und aus den Weintrauben wurde Wein gekeltert.

Warentransporte

Viele Waren wurden mit Maultieren befördert, weil sie für den Transport von Lasten über große Entfernungen und auf schlechten Wegen am besten geeignet waren.

31

ENTDECKER UND ABENTEURER

Für die meisten Menschen, die im Zeitalter der Renaissance *(siehe S. 28–31)* lebten, reichte die Welt nicht weiter als bis zum nächsten Dorf oder zur nächsten Stadt. Viele Menschen glaubten, die Erde sei eine flache Scheibe und Schiffe, die zu weit segelten, würden über ihren Rand fallen.

Im 15. Jahrhundert jedoch hatten Kaufleute aus den italienischen Stadtstaaten bislang unbekannte Luxusgüter aus Asien mitgebracht, die bei den Reicen Europas viel Anklang fanden. Schon bald beauftragten Länder wie Portugal, Spanien und England Forschungsreisende damit, über die Meere zu fahren, um nach neuen Handelswegen Ausschau zu halten, und leiteten so das große Zeitalter der europäischen Entdeckungen ein.

Während viele Entdecker nur neue Handelswege zu erschließen suchten, ging es anderen darum, neue Gebiete in Besitz zu nehmen, die ihrem Land mehr Macht und Reichtum bringen sollten. Es dauerte nicht lange, bis Forschungsreisende aus Portugal, Spanien, England, Frankreich und Holland in neu entdeckten Teilen der Welt wie Nord- und Südamerika Niederlassungen gründeten.

Den großen Entdeckern folgten wenig später Soldaten und Siedler. Und nach den Siedlern kamen — auf den schrecklichsten aller Handelswege — die Sklaven: Millionen von Männern und Frauen, die wie Tiere zusammengetrieben und in Schiffe gepfercht wurden. Die Sklaverei begann mit den portugiesischen Seeleuten, die im 15. Jahrhundert afrikanische Sklaven nach Europa brachten, und wurde erst 400 Jahre später von den meisten Ländern wieder abgeschafft.

Der Kauf und Verkauf afrikanischer Sklaven
Vom 15. bis zum 19. Jahrhundert, der schlimmsten Epoche der Sklaverei seit dem Altertum, verschifften europäische Sklavenhändler mindestens 10 Millionen Afrikaner nach Nord- und Südamerika und auf die Westindischen Inseln, wo sie auf Zuckerrohr-, Baumwoll-, Kaffee- und Tabakpflanzungen arbeiten mußten.

Berühmte Entdecker

Vasco da Gama war ein portugiesischer Entdecker, der als erster auf dem Seeweg um Afrika von Europa nach Indien gelangte. Später gründete er Niederlassungen in Indien und Afrika.

Der Italiener Christoph Kolumbus erhielt Schiffe von den Spaniern, um neue Handelswege nach Indien zu erschließen. Statt dessen entdeckte er die Westindischen Inseln und damit die sogenannte Neue Welt.

Ferdinand Magellan segelte von Portugal um die halbe Welt und bewies damit, daß die Erde nicht flach, sondern rund ist. Vor Abschluß seiner Reise wurde er von philippinischen Eingeborenen getötet.

Francis Drake war ein Seeräuber, der häufig spanische Schiffe überfiel. Er war aber auch der erste Engländer, der die Welt umsegelte. Nach dieser Fahrt wurde er von Königin Elisabeth I. zum Ritter geschlagen.

Die Greuel des Sklavenhandels

Europäische oder arabische Sklavenhändler drangen in afrikanische Dörfer ein, wo sie Männer und Frauen gefangennahmen und zu Sklaven machten.

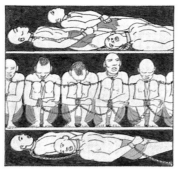

Die Sklaven wurden zur afrikanischen Küste gebracht und zu Hunderten in Sklavenschiffe gepfercht, die Brutstätten zahlreicher Krankheiten waren.

Die Sklaven, die diese grauenvolle Fahrt überstanden und nicht schon einen Besitzer hatten, wurden sofort nach ihrer Ankunft an der Küste verkauft.

Viele Sklaven, die auf den amerikanischen Pflanzungen arbeiteten, starben an Krankheiten, aus Erschöpfung oder an den Schlägen brutaler Aufseher.

Der Handel mit Menschen
Arabische Sklavenhändler reisten ins Landesinnere, um Männer und Frauen zu Sklaven zu machen. Europäische Händler kauften ihnen die Sklaven an der Küste ab und verschifften sie.

Menschliche Ketten
Oft mußten Sklavenkolonnen Hunderte von Kilometern bis zur Küste zurücklegen. Die Männer und Frauen waren aneinandergekettet, und viele von ihnen erkrankten und starben, noch bevor sie dort ankamen.

Vor der Verschiffung
Die Sklaven, die den Marsch zur Küste überstanden hatten, wurden in ein Gehege gesperrt und von bewaffneten Männern bewacht, bis genügend Sklaven für eine Schiffsladung beisammen waren.

Niederlassungen für den Sklavenhandel
Viele Jahre lang war Portugal stärker als alle anderen Länder Europas in den afrikanischen Sklavenhandel verwickelt. Aber als Portugals Macht verblaßte, begannen die Briten und Holländer Niederlassungen für den Sklavenhandel an der afrikanischen Küste zu gründen. Obwohl die Lebensbedingungen der Europäer weit besser waren als die der Sklaven, waren ihnen nur wenige lange gewachsen, und die Westküste Afrikas erhielt den Beinamen „Grab des weißen Mannes".

33

DIE ARMADA

In den achtziger Jahren des 16. Jahrhunderts stand Spanien an der Spitze eines riesigen Reiches und war das mächtigste Land der Welt *(siehe S. 32—33)*. Dennoch wurden spanische Schiffe, die mit Gold, Silber und anderen Schätzen aus der Neuen Welt heimkehrten, oft von englischen Seefahrern wie Francis Drake *(siehe S. 32)* angegriffen und geplündert. Auch hatten die englischen Seefahrer von ihrer Königin, Elisabeth I., den Auftrag erhalten, spanische Niederlassungen in den amerikanischen Besitzungen Spaniens zu überfallen.

Zu dieser Zeit waren Spanien und England auch aus religiösen Gründen miteinander verfeindet. Während die meisten Engländer Protestanten *(siehe unten)* geworden waren, blieb Spanien ein römisch-katholisches Land. Schließlich war König Philipp II. von Spanien der Auseinandersetzungen mit England überdrüssig. Er beschloß, nicht nur die englischen Seeräuberschiffe zu vernichten, sondern in England zu landen und es wieder zu einem römisch-katholischen Land zu machen. Zu diesem Zweck baute er eine große Kriegsflotte auf — die Armada (spanisch für „bewaffnete Streitmacht"), die den Spaniern unbesiegbar erschien.

Aber die Armada traf nie in England ein. Die meisten der spanischen Schiffe wurden entweder von den Kanonen englischer Kriegsschiffe zerstört, oder sie fielen bei ihrer Umsegelung der Britischen Inseln schweren Stürmen zum Opfer. Spaniens Niederlage erschütterte seine Führungsrolle und bewirkte eine Stärkung der britischen Macht *(siehe S. 42—43)*.

Englische und spanische Kampfschiffe
Die spanische Armada stach mit 130 Schiffen in See, um in England zu landen. Viele dieser Schiffe waren jedoch langsam und besaßen weder genug Kanonen noch genug Munition. Außerdem wurden die Spanier von einem Befehlshaber geführt, der wenig Erfahrung im Seekampf hatte. Die englische Flotte dagegen bestand aus kleineren, schnelleren Schiffen, die nicht nur besser gebaut und ausgestattet waren, sondern auch von erfahrenen Seeleuten befehligt wurden.

Das englische Flaggschiff
Die *Ark Royal* war das Flaggschiff des englischen Oberbefehlshabers in der Schlacht gegen die spanische Armada. Das ursprünglich für Entdeckungsfahrten gebaute Schiff war schnell und mit drei Geschützdecks gut bewaffnet.

Der Sieg über die Armada
Die Engländer sandten der Armada mit Schießpulver beladene Schiffe, sogenannte Brander, entgegen und nahmen anschließend die fliehenden Schiffe unter Feuer.

Glaubenskämpfe in Europa

Im 16. Jahrhundert begannen manche Europäer, den religiösen Anschauungen des deutschen Mönchs Martin Luther zu folgen, der gewisse Lehren der römisch-katholischen Kirche ablehnte.

Schließlich gründete er eine neue, protestantische Kirche. Schon bald bekämpften Katholiken und Protestanten einander in grausamen und blutigen Kriegen, die Europa spalteten.

Englischer Befehlshaber   Englischer Seemann   Spanischer Soldat   Spanischer Befehlshaber

Neue, schnellere Kriegsschiffe

Zur Zeit der spanischen Armada besaßen die Engländer bereits neuartige Kriegsschiffe mit weniger Masten und Decks, die schneller, kleiner und wendiger waren als die Kriegsschiffe anderer Länder. Außerdem führten die englischen Schiffe schwere neue Geschütze an Bord, die ein feindliches Schiff aus größerer Entfernung treffen konnten als die Geschütze der spanischen Schiffe.

Spanische Galeonen

Galeonen waren große Kriegsschiffe, die vom 16. bis zum 19. Jahrhundert in europäischen Flotten eingesetzt wurden. Spanische Galeonen waren für den Transport von Schätzen aus den neu entdeckten Ländern bestimmt und bewegten sich schwerfälliger als englische Galeonen. Im untersten Schiffsraum waren Steine, Blei oder ähnliches Material als Ballast geladen, der das Schiff vor dem Schlingern bewahrte.

Soldaten und Seeleute (links)

Da die Spanier beabsichtigten, in England zu landen, war die Zahl der Soldaten an Bord ihrer Schiffe sehr viel höher als die der Seeleute. Insgesamt waren es 30 000 Mann. An Bord der englischen Schiffe befanden sich dagegen 14 000 Seeleute und nur 1500 Soldaten. Da der Kampf zwischen den beiden Seiten ausschließlich auf See ausgetragen wurde, war es für die Engländer ein großer Vorteil, mehr Seeleute als Soldaten an Bord zu haben.

Geschützdeck

Geschützdeck

Schiffs-vorräte

Ballast

Die Fracht der spanischen Schiffe

Die unteren Decks der spanischen Schiffe waren dicht bepackt mit Vorräten für die Landung in England. Diese Fracht, zu der Lebensmittel, Waffen und Pferde gehörten, hatte den Nachteil, daß die Schiffe schwerfälliger wurden.

DIE EROBERUNG DER NEUEN WELT

Nur hundert Jahre nachdem die Europäer den amerikanischen Kontinent entdeckt hatten *(siehe S. 32—33)*, begannen Menschen aus allen Teilen Europas die Fahrt über den Atlantik in die Neue Welt anzutreten. Manche kamen als Siedler in der Hoffnung auf ein besseres Leben, andere waren Soldaten und Abenteurer, die so schnell wie möglich reich werden wollten. Die Eroberer der Neuen Welt gehörten zwei sehr unterschiedlichen Menschengruppen an.

Die ersten Europäer, die Süd- und Mittelamerika durchquerten, waren in der Mehrzahl portugiesische und spanische Soldaten. Die Portugiesen nahmen das Gebiet des heutigen Brasiliens in Besitz, wo viele von ihnen durch Zuckerrohr-, Baumwoll- und Tabakpflanzungen reich wurden, deren Erzeugnisse sie nach Europa schickten. Die spanischen Konquistadoren („Eroberer") dagegen verhalfen ihrer Heimat durch Silber aus Peru und Gold aus Mexiko zu Reichtum. Sowohl Spanien als auch Portugal sollten Weltreiche aufbauen, deren Säulen die Eroberungen in der Neuen Welt bildeten.

Auch unter den Europäern, die nach Nordamerika gingen, gab es Abenteurer oder Händler; die meisten von ihnen aber waren Siedler, die in einem neuen Land ein besseres Leben führen wollten. Viele dieser frühen Siedler waren Bauern, Kaufleute und Handwerker aus Ländern wie Frankreich, Schweden, Holland und Deutschland; die größten Siedlungen aber gründeten die Engländer an der Ostküste Amerikas. Im Laufe des 17. und 18. Jahrhunderts entwickelten sich ihre Siedlungen zunächst zu Städten und später zu den 13 Kolonien, die schließlich die Vereinigten Staaten von Amerika gründeten *(siehe S. 44—45)*.

Eine puritanische Siedlung in Neuengland
Die Puritaner, die die ersten Siedlungen Neuenglands gründeten, bauten ihre Häuser so, wie sie es aus den Dörfern ihrer alten Heimat kannten. Allerdings mußten sie zusätzlich Palisaden errichten, um sich vor feindseligen Indianern zu schützen.

Auf Wache
Die puritanischen Siedler waren friedliebende Menschen, doch wandten sie oft Gewalt an, um das Land der Indianer in Besitz zu nehmen und zu behalten.

Die Einwohner Neuenglands
Zu den ersten englischen Siedlern gehörten viele Handwerker und Bauern, die auf der Suche nach Arbeit oder neuem Land waren. Manche Siedler waren auch gekommen, um ihre Religion in Freiheit auszuüben. Zu dieser Gruppe zählten die puritanischen Pilgerväter, die Plymouth, die älteste Stadt Neuenglands, gründeten. Die Indianer, wie die Siedler die Ureinwohner Amerikas nannten, versuchten oft, die Neuankömmlinge daran zu hindern, sich auf ihrem Land anzusiedeln.

Indianer

Pilgervater

Bauer

Hausfrau und Tochter

Das Lagerhaus
Das Gebäude, in dem Vorräte gelagert wurden, war so wichtig, daß man es von einem benachbarten Turm aus bewachte.

An Wasser und Wald
Die Siedler brauchten Holz für den Haus- und Möbelbau und Wasser zum Trinken, Waschen und Fischen.

Häuser aus dem Holz der Umgebung
Dank der ausgedehnten Waldgebiete Neuenglands war Holz das am meisten verwendete Baumaterial.

Beobachter der Siedler
Einige Indianerstämme waren freundlich gesinnt, andere aber griffen die Siedler, die ihnen ihr Land fortnahmen, an.

Die Konquistadoren

Einer der Konquistadoren, der spanischen Eroberer Süd- und Mittelamerikas, war Fernando Cortez, der das Reich der Azteken im heutigen Mexiko unterwarf.

Während eines Aufstands gegen die Spanier wurde der Herrscher der Azteken getötet. Später wurde das Aztekenreich von den Spaniern vernichtet.

Mit weniger als 200 Mann entdeckte und eroberte ein anderer Konquistador, Francisco Pizarro, das Inkareich im Gebiet des heutigen Peru.

Obwohl der Herrscher des Inkareichs Pizarro ein Zimmer voll Gold versprach, wurden seine Untertanen niedergemetzelt und ihre Städte geplündert.

37

REICH UND ARM IM 17. JAHRHUNDERT

Das große Zeitalter der europäischen Entdeckungen *(siehe S. 32—33)* brachte vielen europäischen Kauf- und Geschäftsleuten Macht und Reichtum. Zu den reichsten Kaufleuten Europas zählten die Holländer. Ihr Wohlstand gründete sich auf eine Flotte, deren Schiffe mit Gewürzen, Baumwolle, Seide und Sklaven beladen von Handelsniederlassungen in Amerika, Asien und Afrika zurückkehrten. Im 17. Jahrhundert war Holland die bedeutendste See- und Handelsmacht der Welt.

Mit einem Teil ihres Reichtums bauten die holländischen Kaufleute große neue Häuser, die sie mit schönen Bildern und Möbeln füllten. Für reiche Europäer war das 17. Jahrhundert eine Zeit der Erfolge und des Überflusses.

Für die Armen Europas hingegen war das 17. Jahrhundert keine gute Zeit. Nur wenigen von ihnen kam der durch Handel erworbene neue Reichtum zugute, und in allen europäischen Ländern gab es Tausende von Menschen, die keine Arbeit fanden und betteln oder stehlen mußten, um nicht zu verhungern. Am Ende des 17. Jahrhunderts war die Kluft zwischen arm und reich tiefer als je zuvor.

Eine Bauernhütte

Selbst wenn ein Land wie Holland durch den Überseehandel reich wurde, blieb die Mehrheit der Bevölkerung arm. Holländische Bauern hatten zwar meist genug zu essen, doch konnten sie sich nur die einfachsten Möbel und die schlichteste Kleidung leisten. Manche Bauern waren zu arm, um ein Haus zu besitzen, und mußten in einer kleinen Hütte leben *(unten)*.

Ein reiches Kaufmannshaus

Im 17. Jahrhundert führten viele Europäer, die ihr Geld als Geschäfts- oder Kaufleute verdienten, ein äußerst angenehmes Dasein. Das unten abgebildete Haus eines holländischen Kaufmanns gibt eine Vorstellung davon, wie reiche Europäer damals lebten.

Eine schöne Inneneinrichtung

Die Kauf- und Geschäftsleute stellten ihren wachsenden Wohlstand zur Schau, indem sie erlesenere Möbel und Bilder sowie kostbarere Tapeten und Vorhänge erwarben.

Dienstboten

Alle Familien bis auf die ärmsten beschäftigten mindestens einen Dienstboten. Ein Dienstbote wurde zum Zubereiten und Servieren der großen Mahlzeiten benötigt, während andere für die Wäsche, den Hausputz und das Einkaufen zuständig waren oder der Dame des Hauses zur Hand gingen.

Das Äußere des Hauses

Die Häuser der wohlhabenderen Europäer wurden nun nicht mehr aus Holz, sondern aus Stein gebaut. Mit ihren reich verzierten Eingängen und großen Fenstern müssen sie arme Passanten, die zumeist dichtgedrängt in dunklen Räumen hausten, in Staunen versetzt haben.

Mehrere Stockwerke

Die Familie des Kaufmanns bewohnte das Erdgeschoß und den ersten Stock des Hauses. Über den Schlafräumen der Familie lagen Abstellkammern und die Schlafräume der Dienstboten.

Die Dienstbotenräume

Die Dienstboten hielten sich tagsüber in der Küche und in anderen Räumen des Kellergeschosses auf. Ihre Schlafräume lagen unter dem Dach.

Neue Entdeckungen in der Medizin

Bis in die achtziger Jahre des 19. Jahrhunderts konnte man nicht viele Krankheiten heilen. Verletzte Arme oder Beine wurden amputiert.

Im 18. Jahrhundert entdeckte der Arzt William Harvey, daß das Blut vom Herzen durch den Körper gepumpt wird.

Der Holländer Antonie van Leeuwenhoek entdeckte mit Hilfe selbst gebauter Mikroskope die roten Blutkörperchen.

Am Ende des 18. Jahrhunderts entwickelte Edward Jenner mit der Impfung ein Verfahren, das zur Verhütung zahlreicher Krankheiten führte.

Die ersten öffentlichen Theater in England

Bis ins 16. Jahrhundert, als die ersten öffentlichen Theater wie das Londoner Globe-Theater *(rechts)* gebaut wurden, waren Schauspiele nur in Schulen, den Privathäusern der Reichen oder von Wandertruppen aufgeführt worden. In den öffentlichen Theatern konnte jedermann die Stücke des großen englischen Dramatikers William Shakespeare und anderer Autoren sehen.

Der Theaterbesuch

Die besten Theaterplätze befanden sich auf den Galerien, die den Raum vor der Bühne, den Hof, umrahmten. Da es keine Beleuchtung gab, mußten die Aufführungen am Nachmittag beginnen und vor Einbruch der Dunkelheit beendet sein.

Jungen in Frauenrollen

Bis in die sechziger Jahre des 17. Jahrhunderts wurden Frauenrollen von Jungen gespielt. Zu dieser Zeit gab es keine Vorhänge, kaum Bühnenbilder und nur wenige Kostümwechsel.

William Shakespeare

Bühne

Galerien

Hof

39

DIE KÖNIGE UND DAS VOLK

Im 17. Jahrhundert kam es zwischen mächtigen europäischen Ländern wie Spanien, Österreich, Frankreich und England zu zahlreichen Auseinandersetzungen. Die Entscheidung über Krieg und Frieden lag bei ihren Königen und Königinnen, die dadurch eine außerordentliche Bedeutung erlangten.

England wurde durch den Bürgerkrieg geschwächt, der zwischen den Anhängern König Karls I. und dem Parlament entbrannte. Karl verlor den Krieg und wurde hingerichtet. Länder mit starken Herrschern wie Ludwig XIV. von Frankreich und Peter dem Großen von Rußland gewannen dagegen an Macht. Doch während die Bedeutung Ludwigs XIV. in Europa wuchs, machten seine Kriege und seine unablässige Geldverschwendung den einfachen Leuten, die den größten Teil des französischen Volkes bildeten, das Leben immer schwerer.

Die wichtigsten Höflinge
Obwohl sie auf die Regierungsweise ihres Königs keinerlei Einfluß hatten, durften nur die reichsten und mächtigsten Männer Frankreichs dem König und der Königin aufwarten. Diese hochgestellten Höflinge hatten Ämter wie „Großmeister des königlichen Hofstaats" und „Garderobengroßmeister" inne.

Das größte Schloß Europas
Als Ludwig XIV. auf dem Höhepunkt seiner Macht stand, ließ er bei Versailles ein prächtiges Schloß erbauen, in dem er und sein Haushalt, sein Hof und seine Regierung ein glanzvolles Leben führten *(siehe unten)*. Versailles, das größte Schloß Europas, ist von ausgedehnten Parkanlagen mit Seen, Brunnen und Skulpturen umgeben.

Die Macht des Sonnenkönigs
Da er so mächtig war und so glanzvoll hof hielt, wurde König Ludwig XIV. von Frankreich oft der „Sonnenkönig" genannt. Er herrschte uneingeschränkt über Frankreich und die Franzosen — einschließlich der 25000, die in seinem Palast in Versailles lebten.

Die Hofdamen
Die meisten der eleganten Hofdamen waren entweder die Gemahlinnen oder die Töchter wichtiger Männer, oder sie gehörten zum Gefolge der Königin und ihrer Töchter.

Die besten Musiker
Die besten Schriftsteller, Künstler und Musiker kamen an den Hof König Ludwigs XIV. Für die zahlreichen Zerstreuungen bei Hofe wurde eigene Musik komponiert.

Vorzügliche Handwerker
Viele herausragende Handwerker und Architekten lebten mit ihren Familien auf dem Schloß. Sie hatten die Aufgabe, das Schloß und die Parkanlagen instand zu halten.

Architekt und Gemahlin

Musikanten

Großmeister des Hofstaats

Hofdamen

Königliche Familie

Ludwig XIV.

Versailles

Die königliche Familie
Im Mittelpunkt des französischen Hoflebens standen Ludwig XIV., die Königin und seine Kinder. Ludwig war der Meinung, daß die Mitglieder der königlichen Familie sich als die wichtigsten Personen Frankreichs vom morgendlichen Ankleiden bis zum Schlafengehen den Blicken der Öffentlichkeit darbieten müßten.

Die Ärmsten der Armen

Die meisten Untertanen des Königs waren Arbeiter und Bauern. Ihnen ging es viel schlechter als denen, die im Schloß von Versailles angestellt waren.

Das Schloßpersonal

Zahlreiche Putzfrauen, Gärtner, Kutscher, Köche und andere Dienstboten sorgten dafür, daß es im Schloß an nichts fehlte.

Peter der Große von Rußland

Im 17. Jahrhundert war Rußland ein armes, rückständiges Land, das von einem allmächtigen Zaren, dem Adel und der Kirche regiert wurde. Die meisten Russen waren arme Bauern, die wenig Freiheit besaßen. Doch dann machte einer der bedeutendsten russischen Herrscher, Peter der Große, sein Land zu einer Weltmacht, indem er eine starke Kriegsflotte aufbaute und die Russen zwang, die Lebensweise Westeuropas nachzuahmen.

Bauern

Schloßpersonal

Marineoffizier   Admiral   General

Angehörige des Heeres und der Marine

Zwar waren nur die Befehlshaber von Heer und Marine wichtige Mitglieder des Hofes, doch waren auch 8000 Soldaten aus den besten französischen Regimentern zum Schutz des Königs in Versailles stationiert.

Petersburger Schloß

Russische Goldmünzen

Russische Adelige

Russische Leibeigene

Peter der Große

Peter an der Spitze seines Heeres

Schiffe der russischen Flotte

Der englische Bürgerkrieg

König Karl I. überwarf sich mit dem englischen Parlament. Schließlich unternahm er den Versuch, fünf führende Pàrlamentarier in eigener Person zu verhaften.

Bald darauf brach zwischen den Anhängern des Parlaments und den Anhängern Karls I. Krieg aus. Nach mehreren großen Schlachten waren die Königstreuen besiegt.

Nach dem Krieg wurde der König vom Parlament angeklagt, England verraten zu haben. Karl wurde vom Gericht für schuldig befunden und öffentlich enthauptet.

Danach machte Oliver Cromwell England zur Republik und regierte das Land als Alleinherrscher. Der Sohn Karls I. floh nach Frankreich, wurde nach Cromwells Tod jedoch König von England.

DAS BRITISCHE WELTREICH

Als Insulaner, die abseits des europäischen Kontinents leben, sind die Briten von jeher große Händler und Entdecker gewesen. Und von allen Völkern Europas, die im 17. Jahrhundert Niederlassungen in Übersee gründeten *(siehe S. 32—33 und S. 36—37)*, schufen die Bewohner der Britischen Inseln — Engländer, Schotten, Iren und Waliser — das größte Reich aller Zeiten. Im 20. Jahrhundert umfaßte das britische Weltreich ein Viertel der Bevölkerung und der Landgebiete der Erde.

Im 17. und 18. Jahrhundert gehörten dem britischen Reich vor allem die amerikanischen Kolonien in Neuengland *(siehe S. 36—37)* und den Franzosen abgenommene Gebiete in Kanada an. Aber die amerikanischen Kolonien gingen während der Amerikanischen Revolution verloren *(siehe S. 44—45)*.

Nach dem 18. Jahrhundert setzte sich das britische Weltreich vor allem aus asiatischen und afrikanischen Besitzungen und aus Gebieten zusammen, die von Männern wie James Cook entdeckt worden waren. Diese Länder erlangten ihre Unabhängigkeit erst im 20. Jahrhundert, viele von ihnen blieben Großbritannien jedoch in der Völkergemeinschaft des Commonwealth als gleichberechtigte Partner verbunden.

Ein großer Entdecker

James Cook war der größte aller Entdecker, deren Reisen zur Ausdehnung des britischen Weltreichs beitrugen. Zu den Gebieten, die er erforschte oder entdeckte, gehören Hawaii und die Küsten Neuseelands und Ostaustraliens.

Die Briten in Indien

Im 17. Jahrhundert gründete die britische Ostindien-Kompanie Handelsstützpunkte in Indien. Schon bald wurde Großbritannien zur führenden Macht in Indien. Im 19. Jahrhundert nahmen die Briten oft an bedeutenden indischen Festen teil (unten).

Cook wurde berühmt, als die Karten, die er vom Sankt-Lorenz-Strom in Kanada anfertigte, den Briten halfen, die neufranzösische Stadt Quebec zu erobern *(links)*. Aufgrund dieses Erfolgs beauftragte ihn die Admiralität mit einer Expedition zur Pazifik-insel Tahiti *(oben)*. In den sechziger und siebziger Jahren des 18. Jahrhunderts nahm Cook die australische Küste für Groß-britannien in Besitz und freun-dete sich mit den Maoris Neuseelands an *(oben)*. Auf einer dritten Reise wollte er die Durchfahrt um Nordamerika vom Pazifik zum Atlantik finden, wurde aber auf Hawaii von Eingeborenen erschlagen.

Britische Zylinderhüte
Die britischen Teilneh-mer an dem Festzug waren Angestellte der Ostindien-Kompanie. Sie sind an ihren Zylinder-hüten zu erkennen.

Ehrung eines Herrschers
Der Festzug setzt sich hauptsächlich aus indi-schen Fürsten und ihrem Gefolge zusammen, die einem indischen Herrscher ihre Ehrerbietung erweisen.

Die Dauer der britischen Herrschaft
In den fünfziger Jahren des 19. Jahr-hunderts übernahm die britische Regierung die Herrschaft über einen großen Teil Indiens. Rund 90 Jahre lang wurde Indien entweder von Beamten der britischen Regierung oder von indischen Herrschern regiert, die bereit waren, die Briten zu unterstützen.

Die eigentlichen Machthaber
Zum Zeitpunkt dieser Prozession hatte der indische Herrscher, zu des-sen Ehre sie stattfand, keine wirk-liche Macht mehr. Der größte Teil Indiens wurde von der Ostindien-Kompanie verwaltet, der von Briten geführte Truppen zur Seite standen.

DAS ZEITALTER DER REVOLUTIONEN

Die Amerikanische und die Französische Revolution gehören zu den bedeutendsten Ereignissen der Geschichte. Die Amerikanische Revolution brach aus, weil viele Menschen sich von der Regierung in England unterdrückt fühlten und mehr Freiheit erlangen wollten. In Frankreich kam es 14 Jahre später zu einer ähnlichen Situation.

Um die Mitte des 18. Jahrhunderts waren es die 13 britischen Kolonien in Amerika *(siehe S. 36—37)* gewöhnt, für sich selbst zu sorgen, und mochten nicht länger von einem britischen Parlament regiert werden, das Tausende von Kilometern von ihnen entfernt war. Als die Briten Truppen nach Amerika entsandten, die den Kolonisten ihre Waffen und ihre Munition abnehmen sollten, lehnten diese sich auf. Im Jahre 1775 kam es zwischen den britischen Truppen und den Kolonisten zum Krieg, und im Jahr darauf verkündeten die Rebellen die Unabhängigkeitserklärung.

Nach achtjährigen Kämpfen hatten die Kolonisten die Briten besiegt und wurden als die neue Nation der Vereinigten Staaten von Amerika anerkannt.

Nach dem Bürgerkrieg *(siehe S. 40—41)* in England besaß der englische König nur noch wenig Macht, und wichtige Beschlüsse wurden vom britischen Parlament gefaßt. Auf der anderen Seite des Ärmelkanals aber, in Frankreich, gab es kein starkes Parlament, und aller Reichtum und alle Macht lagen in den Händen des französischen Königs, des Adels und der Kirche. Gegen Ende des 18. Jahrhunderts sehnte sich die Mehrheit des französischen Volks nach einer gerechteren Regierung und wollte sich nicht länger mit seiner Armut abfinden.

Im Jahre 1789 schließlich führten hohe Steuern, Lebensmittelknappheit sowie die schlechte Amtsführung Ludwigs XVI. und seiner Minister zur Revolution. Es folgten zehn Jahre heftiger Kämpfe, in deren Verlauf die französische Monarchie abgeschafft und durch ein neues Regierungssystem ersetzt wurde. Obwohl die Französische Revolution vielen Unschuldigen das Leben kostete, verhalf sie andererseits vielen wichtigen Gedanken zum Durchbruch, insbesondere dem Gedanken, daß vor dem Gesetz alle Menschen gleich zu sein hätten.

Die Amerikanische Revolution

Als 1775 die Revolution ausbrach, hatten die Briten bereits ein Heer von Berufssoldaten in Amerika stehen, dem auch deutsche, insbesondere hessische Söldner angehörten. Auch viele Indianerstämme unterstützten die Briten. Das Heer der Kolonisten bestand aus Freiwilligen, von denen sich viele verpflichteten, unverzüglich zu kämpfen, sobald sie dazu aufgerufen werden sollten. Nach einigen Kriegsjahren erhielten die Kolonisten Hilfe von Großbritanniens europäischen Gegnern — Frankreich, Spanien und Holland — und waren damit gegenüber den britischen Truppen in der Überzahl.

Freiwilliger

Offizier des amerikanischen Heeres

Milizionär

Hessischer Soldat

Offizier und Soldat des britischen Heeres

Zu den Ereignissen, die dem Krieg zwischen Großbritannien und den Kolonien vorausgingen, gehörte das Boston-Massaker, bei dem fünf Bürger ums Leben kamen.

Aus Protest gegen den Zoll, den sie auf Tee zahlen sollten, warfen als Mohikaner verkleidete Kolonisten bei der „Boston Tea Party" die Teeladung eines britischen Schiffes in den Hafen von Boston.

Weihnachten 1776 überquerte George Washington, der den Oberbefehl über das Heer der Kolonisten führte, den Delaware und besiegte die Briten in der Schlacht bei Trenton.

Den endgültigen Sieg über die britischen Truppen errang Washington in der Schlacht von Yorktown. Zwei Jahre später erkannten die Briten die Unabhängigkeit der Amerikaner an.

Der Tod durch die Guillotine

Während der Französischen Revolution verloren Tausende von Männern und Frauen ihr Leben. Viele von ihnen wurden mit Hilfe eines Hinrichtungsgeräts, der Guillotine, öffentlich enthauptet. Zu den Opfern der Guillotine gehörten auch Ludwig XVI. und seine Gemahlin sowie die später in Ungnade gefallenen Anführer der Revolution.

Ein Werkzeug des Todes

Der Scharfrichter löste bei der Hinrichtung ein schweres Eisenbeil, das daraufhin zwischen zwei Pfosten auf den Nacken des Todeskandidaten fiel. Adlige, Priester und andere „Feinde der Revolution" wurden in Karren zu einem großen Platz gefahren, auf dem die Guillotine stand. Hier fanden sich viele Anhänger der Revolution aus dem Volk ein, um den Hinrichtungen beizuwohnen.

Das Ende des Schreckens

Nach der grauenhaften Zeit der „Schreckensherrschaft", in der täglich viele Menschen unter dem Fallbeil starben, wurden die erbarmungslosesten Anführer der Revolution selbst enthauptet.

Die Anhänger der Revolution

Die Französische Revolution fand besonders viele Anhänger unter denjenigen, die sich von der Regierung schlecht behandelt gefühlt hatten. Dazu gehörten Arbeiter, Händler, gemeine Soldaten und Bauern.

Die Entfernung der Leichname

Nach der Hinrichtung wurden der Kopf und der Körper des Enthaupteten rasch in Körben fortgeschafft und in namenlosen Massengräbern beigesetzt.

NAPOLEON BONAPARTE

Wenige Männer oder Frauen haben die Zeit, in der sie lebten, so sehr geprägt wie der französische Kaiser Napoleon Bonaparte, der gleichzeitig einer der größten Feldherren aller Zeiten war.

Nach den Wirren der Französischen Revolution *(siehe S. 44—45)* war das französische Volk froh, einen einzelnen starken Mann an der Spitze des Staates zu sehen. Napoleon wurde in Frankreich als großer Held gefeiert, seitdem französische Truppen unter seiner glänzenden Führung die Österreicher in Italien geschlagen hatten. Zwei Jahre nach diesem Sieg hatte Napoleon in einem Staatsstreich das Direktorium, das Frankreich regierte, aufgelöst und selbst die Macht ergriffen.

Als Herrscher Frankreichs verbesserte Napoleon nicht nur die Ausbildung an Schulen und Universitäten, sondern gründete auch die erste Bank Frankreichs und nahm viele Änderungen am französischen Recht vor, die bis heute überdauert haben. Vor allem aber machte er Frankreich zur führenden Macht Europas. Vom Zeitpunkt seiner Kaiserkrönung im Jahre 1804 bis zu seiner endgültigen Niederlage in der Schlacht von Waterloo im Jahre 1815 hinderte ihn nur die britische Vormacht zur See daran, das gesamte westliche Europa zu beherrschen.

Zeichen des Ruhms

Napoleons Erfolg beruhte auf seinem Genie als Feldherr und auf der Stärke seines Heeres. Regimenter seines Heeres ließen seinen Namen stolz auf ihren Fahnen prangen *(rechts)*. Napoleons persönliches Emblem war der Adler, der schon vom Heer des Römischen Reiches verwendet worden war.

1 Napoleon wurde auf der Insel Korsika geboren. Mit 16 Jahren wurde er Leutnant des französischen Heeres. Während der Französischen Revolution verteidigten seine Soldaten die Revolutionsregierung gegen aufgebrachten Pöbel.

2 Napoleon erhielt schon bald den Oberbefehl über verschiedene Armeen und errang mehrere glänzende Siege. Nach seinen Erfolgen auf dem Schlachtfeld ergriff er die Macht und krönte sich selbst zum Kaiser.

3 Das französische Heer vergötterte Napoleon und leistete stets Außerordentliches unter seiner Führung. Nachdem Länder wie Österreich und Rußland besiegt waren, geriet der größte Teil Europas unter Napoleons Herrschaft.

4 Doch auf dem Höhepunkt seiner Macht beging Napoleon den verhängnisvollen Fehler, in Rußland einzumarschieren. Auf dem Rückzug nach Frankreich verlor er in der Eiseskälte des russischen Winters den größten Teil seiner Truppen.

Regimentsfahne
zu Napoleons Zeit

Napoleons
Emblem

Neue europäische Nationen

In den sechziger Jahren des
19. Jahrhunderts machte
Guiseppe Garibaldi (hier
im Wagen sitzend mit dem
Hut in der Hand gezeigt)
Italien zu einer geeinten
Nation, nachdem er mit
seinen „Rothemden" weite
Gebiete des zersplitterten
Landes erobert hatte.
Auch Deutschland wurde
in den siebziger Jahren
dieses Jahrhunderts unter
dem preußischen König
geeint.

5 Danach schlossen mehrere europäische Länder ein Bündnis
und besiegten Napoleon, der abdanken mußte. Aber schon
bald stellte er ein neues Heer auf, das von den Briten und
ihren Verbündeten bei Waterloo geschlagen wurde.

Ein großer Führer

Eine der berühm-
testen Darstel-
lungen Napoleons
zeigt, wie er
seine Armee von
Frankreich über die
Alpen nach Italien
führt — dem Sieg über die
Österreicher bei
Marengo entgegen.

6 Napoleon wurde als Kriegsgefangener auf die einsame
britische Insel St. Helena verbannt. Der Mann, der einst
über den größten Teil Europas geherrscht hatte, wurde bis zu
seinem Tod von britischen Soldaten bewacht.

DIE INDUSTRIELLE REVOLUTION

Um die Mitte des 18. Jahrhunderts begann die Arbeits- und Lebensweise der Menschen in England sich grundlegend zu wandeln. Dieser Wandel, der später auch die anderen Länder Europas erfaßte, ging größtenteils auf die Erfindung von Maschinen zurück, die schneller Waren erzeugten, als es Menschen mit ihren Händen vermochten. Das Zeitalter der industriellen Revolution war angebrochen.

Spinn- und Webmaschinen

Die ersten Maschinen, die große Veränderungen bewirken sollten, ermöglichten es den Menschen, sehr viel schneller und bequemer Baumwolle zu spinnen und Tuche zu weben als zuvor. Zunächst wurden die neuen Maschinen durch Wasserkraft angetrieben, später jedoch durch die ebenfalls neu erfundene Dampfmaschine. Da die Dampfmaschinen nicht ohne Brennstoff arbeiten konnten, wurden die meisten Fabriken oder Spinnereien, in denen man sie einsetzte, in der Nähe von Kohlenrevieren errichtet. Im Umkreis der Fabriken wuchsen neue Städte empor, und die britische Baumwollindustrie wurde führend in der Welt.

Kohle und Eisen

Im Laufe der industriellen Revolution wurde Kohle außerordentlich wichtig, und zwar nicht nur, weil sie für den Antrieb der neuen Dampfmaschinen benötigt wurde, sondern auch, weil sie bei der Herstellung von Eisen und Stahl eine bedeutende Rolle spielte. Diese beiden Metalle wurden für Maschinen, Werkzeuge, Wasserrohre, Brücken und später auch für Schiffe und Eisenbahnschienen verwendet. Mit Hilfe einer weiteren neuen Erfindung, dem sogenannten Hochofen, konnte man Eisen und Stahl bald in größeren Mengen herstellen.

Der Wandel in der Landwirtschaft

Die Bauern konnten dank neuer Erfindungen, darunter neuartige Pflüge und Sämaschinen, ihre Felder besser bestellen und ihre Ernte leichter einfahren. Zur gleichen Zeit züchteten die Bauern leistungsfähigeres Vieh, beispielsweise Schafe, die mehr Wolle, und Kühe, die mehr Milch gaben.

Land- und Stadtleben in England zur Zeit der industriellen Revolution

Das Bild rechts, das auf den beiden folgenden Seiten fortgesetzt wird, zeigt, wie sich das Leben der Menschen während der industriellen Revolution änderte. Im Umkreis einiger großer Fabriken ist eine neue Stadt emporgewachsen. Nicht weit vom Ackerland entfernt sind neue Bergwerke, Häuser und ein Kanal gebaut worden. Auf dem kürzlich vergrößerten Bauernhof werden mit neuen Maschinen mehr Nahrungsmittel erzeugt.

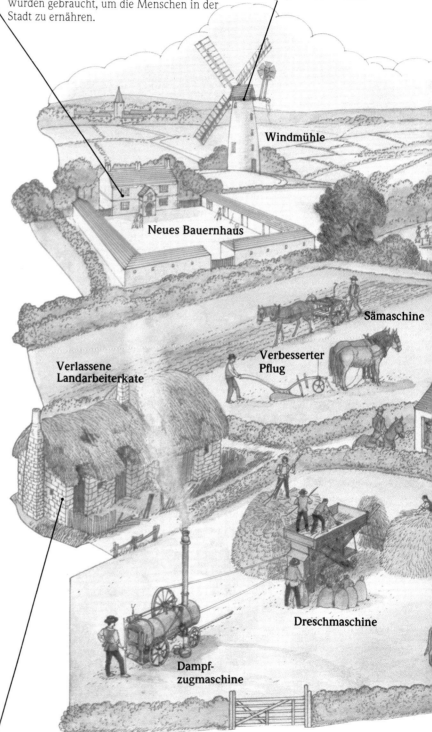

Größere und bessere Bauernhöfe
Auf dem Land verloren zu dieser Zeit viele Menschen ihre Arbeit und wurden von ihrem Boden vertrieben. Die Grundbesitzer wollten ihre Höfe vergrößern, um bessere Ernten erzeugen zu können. Sie verpachteten ihr Land nicht mehr an ärmere Bauern, die daraufhin ihre Lebensgrundlage verloren. Die auf den größeren Höfen zusätzlich angebauten Feldfrüchte wurden gebraucht, um die Menschen in der Stadt zu ernähren.

Windkraft
Trotz der neuen Dampfkraft wurde die Windkraft weiterhin zum Antrieb von Windmühlen genutzt, mit deren Hilfe Wasser geschöpft oder Korn gemahlen wurde.

Windmühle

Neues Bauernhaus

Sämaschine

Verbesserter Pflug

Verlassene Landarbeiterkate

Dreschmaschine

Dampfzugmaschine

Verlassene Katen
Da es auf den Höfen weniger Arbeit gab, mußten viele Landarbeiter ihre Katen verlassen und sich in den neuen Städten nach Arbeit umschauen.

Bessere Straßen
Wer die neuen befestigten Straßen benutzen wollte, bezahlte in einem Zollhaus am Wegesrand eine Gebühr. Von diesem Geld wurden weitere neue Straßen gebaut.

Unterkünfte
Reisende, die vom Land in die neuen Städte kamen, konnten in einem Gasthof etwas zu essen oder ein Bett für die Nacht erhalten.

Neue landwirtschaftliche Geräte

Viele neue Erfindungen kamen den Bauern zugute. Neuartige Pflüge und andere Maschinen machten das Bestellen der Felder und die Ernte sehr viel einfacher.

Kohlen- und Eisenbergwerke

Durch die Erfindung der Dampfmaschine wuchs der Bedarf an Kohle. Eine weitere Erfindung, der Hochofen, erleichterte die Eisen- und Stahlherstellung. Große neue Kohlenbergwerke und Eisenhütten entstanden, und immer mehr Menschen begannen, in der neuen Schwerindustrie zu arbeiten.

Die Brauereien

Die Brauereien wurden mit Dampfmaschinen ausgestattet. Maschinen machten es möglich, daß man mit weniger Arbeitskräften mehr Bier erzeugen konnte.

Lebensmittelspeicher

Mit Eisenbahnen und Lastkähnen wurden Lebensmittel in die neuen Städte gebracht und in Speichern gelagert, vor denen die Lastkähne ihre Ladung löschten.

Kohlenbergwerk

Eisenbergwerk

Heurechen

Mähmaschine

Zollhaus

Getreideableger

Brauerei

Speicher

Gasthof

Treidelpfad

Kanäle

Um den Warentransport von einer Stadt in die andere zu erleichtern, baute man neue Wasserwege. Neben ihnen verliefen sogenannte Treidelpfade für die Pferde, die die mit Waren beladenen Lastkähne zogen.

49

Schnellere Seereisen

Mit den neuen dampfbetriebenen Schiffen ging die große Zeit der Segelschifffahrt zu Ende.

Neuartige Brücken

Die Zeit der Eisenbahnbrücken brach an. Gewaltige Hängebrücken, die an schweren Eisenketten befestigt waren, konnten große Entfernungen überspannen. Auf Pfeilern errichtete Hochbrücken führten Straßen oder Eisenbahnen durch Stadtgebiete hindurch. Auch Kanäle wurden mit Hilfe von Spezialbrücken überspannt.

Hängebrücke

Kohlenzug

Eisenbrücke

Maschinen-fabrik

Porzellan-manufaktur

Hochbrücke

Das Aufkommen der Eisenbahnen

Züge erwiesen sich als so nützlich, daß wenige Jahre nach Einführung der ersten Dampflokomotiven alle größeren Städte Englands durch Eisenbahnlinien miteinander verbunden waren.

Personenzüge

Die zunächst nur für den Kohlentransport eingesetzten Züge dienten schon bald auch dem Personenverkehr.

Schlechte Wohnungen

Fabrikarbeiter wohnten oft auf zu engem Raum in schlecht gebauten Häusern ohne fließendes Wasser.

Mehr Einkaufsgegenden

Als die Städte größer wurden, wollten die Einwohner Lebensmittel und andere Waren lieber in der Nähe kaufen als auf einem großen Marktplatz in der Stadtmitte. Viele neue Geschäfte wurden eröffnet, und einige der größeren entwickelten sich zu den ersten Warenhäusern.

Flucht vor dem Rauch

Laden- und Fabrikbesitzer sowie die Vertreter gut bezahlter Berufe, beispielsweise Ärzte oder Anwälte, bauten sich oft neue Häuser am Rande der Stadt.

Das Zeitalter der Eisenbahn beginnt

Vor der industriellen Revolution wurden die meisten Waren von Pferden oder Frachtwagen auf schlechten Straßen oder schlammigen Wegen befördert. Als aber neue Fabriken und größere Städte entstanden, benötigte man bessere Verkehrsmittel und -wege, um Lebensmittel und andere Waren vom Land in die Stadt und von einer Stadt in die andere zu bringen. Zunächst wurden bessere Straßen mit fester Decke und künstliche Wasserwege, sogenannte Kanäle, angelegt. Aber schon bald wurden alle herkömmlichen Verkehrsarten durch die neu gebauten Dampflokomotiven und Eisenbahnen überflügelt.

Von allen Neuerungen der industriellen Revolution war der Bau der Eisenbahn wahrscheinlich die wichtigste. Die Eisenbahnen boten nicht nur eine billige und einfache Möglichkeit, die in den neuen Fabriken hergestellten Waren dorthin zu bringen, wo man sie verkaufen konnte; sie erleichterten auch den Menschen das bisher meist beschwerliche Reisen.

Das Leben in den neuen Städten

Eine weitere Folge der industriellen Revolution war, daß die meisten Menschen nicht mehr auf dem Land lebten, sondern in Fabrikstädten, die in der Nähe von Kohlenrevieren entstanden waren.

Grundbesitzer, Fabrikbesitzer, Geschäftsleute und Ladeninhaber verdienten an den neuen Fabriken und Fabrikwaren viel Geld. Aber die meisten Menschen, die in den Städten lebten, waren Fabrikarbeiter. Selbst wenn sie Arbeit hatten, besaßen sie wenig Geld und wohnten in schlecht gebauten, überbelegten Häusern. Damit sie ihre Miete und ihr Essen bezahlen konnten, mußten auch die Frauen und Kinder in den Fabriken arbeiten. Viele Kinder lernten daher nie Lesen oder Schreiben.

Die Ausbreitung der industriellen Revolution

Bald erlebten auch andere Länder, darunter die Vereinigten Staaten von Amerika, Frankreich und Deutschland, eine industrielle Revolution. Diese Länder entwickelten die neuen Maschinen oftmals weiter, erfanden aber auch eigene Maschinen.

Die meisten Menschen, die zur Zeit der industriellen Revolution lebten, wußten nur wenig von den neuen Erfindungen und Maschinen. Sie bemerkten jedoch, daß ihr tägliches Leben sich in mancherlei Hinsicht änderte. Sie sahen, daß viele Menschen vom Land in die neuen Städte gingen, um dort zu wohnen und zu arbeiten. Sie sahen auch, daß viele Waren, darunter verschiedene Lebensmittel und Kleidungsstücke, billiger und leichter erhältlich wurden.

Obwohl die industrielle Revolution die wachsenden Städte vor zahlreiche Schwierigkeiten stellte, brachte sie auch Millionen von Menschen ein besseres Leben.

Neue Läden

Dampfbetriebene Baumwollspinnerei

Die Fabriken in den neuen Städten

Die neuen Städte wuchsen alle im Umkreis von Fabriken empor. Das konnten Porzellanmanufakturen, Woll- oder Baumwollspinnereien oder Maschinen- und Werkzeugfabriken sein.

Die Fabrikarbeit

Männer, Frauen und Kinder, die in den Fabriken arbeiteten, mußten von früh bis spät an den Maschinen stehen.

51

AMERIKA ZIEHT WESTWÄRTS

Als aus den amerikanischen Kolonien die Vereinigten Staaten von Amerika wurden *(siehe S. 44—45)*, lebte die Mehrheit der Bevölkerung an der Ostküste des neuen Landes. Doch da immer mehr Einwanderer aus Europa eintrafen, mußten die neuen Siedler Land weiter im Westen suchen. Händler und Entdecker berichteten von fruchtbaren Ackerböden und großen Wäldern, und schon bald zogen endlose Trecks von Pionieren westwärts.

Nach langen und gefahrvollen Reisen mußten diese ersten Siedler das Land roden und pflügen. Erst danach konnten sie darangehen, Gemeinden mit Läden, Kirchen und Schulen aufzubauen. Aus diesen kleinen Siedlungen entwickelten sich die Städte, die Amerika zur mächtigsten Industrienation der Welt aufsteigen lassen sollten.

Unterbrochen wurde dieser Aufstieg allein durch den grauenhaften Bürgerkrieg, der 1861 zwischen dem sklavenbesitzenden Süden und dem sklavenfreien Norden Amerikas entbrannte. Die wichtigsten Ergebnisse des Krieges waren die Abschaffung der Sklaverei und die wiederhergestellte Einheit der Süd- und Nordstaaten.

Das Gepäck der Pioniere

Da sie der Wildnis entgegenzogen, beluden die Pioniere ihre Wagen mit landwirtschaftlichen Geräten, Haushaltsgegenständen, Mehl, Samen und Obstbäumen. Auch Möbel und Vieh nahmen sie mit.

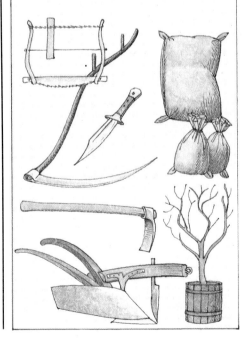

Ein westwärts rollender Wagenzug
Die Pioniere schoben die amerikanische Grenze in zwei zeitlich getrennten Wellen westwärts. Die erste Welle setzte in den sechziger Jahren des 18. Jahrhunderts ein und stieß von der Ostküste bis über den Mississippi vor. Die zweite Welle traf in den vierziger Jahren des 19. Jahrhunderts nach mehrmonatigen Reisen in Oregon oder Kalifornien an der Westküste des Landes ein.

Eine willkommene Rast
Die frühen Händler errichteten, wie später auch das amerikanische Heer, Handelsstützpunkte oder Forts in der Wildnis. Hier machten die oft erschöpften Siedler gern Rast.

Wassereimer

Bremsblöcke

Die Wagen der Pioniere
Wenngleich manche Pioniere in gewöhnlichen Ackerwagen westwärts fuhren, war das beste Transportmittel ein langer Planwagen, der von Ochsen- oder Maultiergespannen gezogen wurde.

Ein frühes Reisemobil
Der lange Planwagen war zum Schutz vor Regen und Sonne mit einer Plane aus Segeltuch ausgestattet und hatte breite Räder, damit er nicht im Schlamm steckenblieb. Sein Innenraum war gewöhnlich so vollgepackt mit Habseligkeiten, daß die Familie im Freien schlafen und essen mußte.

Der amerikanische Bürgerkrieg

Der Bürgerkrieg brachte als erster moderner Krieg nicht nur den beiden gegnerischen Heeren Tod und Vernichtung, sondern auch der amerikanischen Zivilbevölkerung.

Sowohl der Norden (die Union) als auch der Süden (die Konföderierten) setzten neuartige Waffen ein, darunter Minen, Mehrladegewehre und Eisenschiffe (oben).

Nach der Niederlage der Konföderierten wurde Präsident Abraham Lincoln, der Führer der Union, von einem Anhänger der Südstaaten erschossen.

Soldat der Konföderierten   **Soldat der Union**

Wagenzüge
Meist schlossen sich mehrere Familien zu einem Wagenzug zusammen, damit sie mehr Vorräte mitnehmen und sich gegenseitig helfen konnten.

Das Heim eines Prärie-Indianers
Die Indianerstämme der amerikanischen Grasfluren lebten von der Jagd auf Büffelherden. Das Fleisch der Büffel war ihr Hauptnahrungsmittel, und aus den Häuten der Tiere stellten sie ihre Zelte oder Wigwams her. Manchmal schlugen friedlich gesinnte Indianer ihre Zelte im Winter in der Nähe von Forts auf, wo sie Nahrungsmittel kauften.

Rauchklappe

Werkzeugkasten

Eingangsklappe

Schneeschuhe

Verzögerungen
Krankheit, Lebensmittelknappheit oder ein gebrochenes Wagenrad konnten die Reise der Pioniere in die Länge ziehen.

Indianerangriffe
Manchmal griffen die Indianer die Pioniere an, weil diese ihr Land in Besitz nahmen und die Büffelherden töteten.

53

DER GOLDRAUSCH

Seit uralten Zeiten ist Gold das begehrteste aller Metalle. Um Gold zu finden, haben Menschen weite Reisen unternommen, schreckliche Entbehrungen erduldet und einander umgebracht.

Im 19. Jahrhundert veranlaßten Goldfunde in den Vereinigten Staaten von Amerika sowie in Kanada, Südafrika und Australien Tausende von Menschen, in die Goldfelder zu strömen und nach dem kostbaren Metall zu schürfen. Schon Monate später waren neue Städte emporgeschossen, und einige wenige vom Glück begünstigte Goldgräber

hatten ein Vermögen gemacht. Den meisten aber brachte die zermürbende Arbeit nichts als Enttäuschungen und harte Entbehrungen ein.

Der erste große amerikanische Goldrausch brach in den vierziger Jahren des 19. Jahrhunderts in Kalifornien aus. Später wurde auch in Colorado und am Klondike in Kanada Gold gefunden. In den fünfziger Jahren des 19. Jahrhunderts zog der australische Goldrausch so viele Schürfer ins Land, die dort anschließend blieben, daß die Einwohnerzahl Australiens sich zwischen 1850 und 1860 mehr als verdoppelte.

Die ersten Australier
Die Goldgräber behandelten die Ureinwohner Australiens oft schlecht, schlugen sie oder nahmen ihnen ihr Land weg.

Die Zulassung
Goldgräber mußten eine Schürfzulassung erwerben. Von diesem Geld wurde die Polizei in den Goldfeldern bezahlt.

Ein Stück Land
Die Behörden stellten jedem zugelassenen Schürfer ein gleich großes Stück Land zur Verfügung.

Überfälle durch Wegelagerer
Die Goldgräber stellten fest, daß sie in der Stadt einen höheren Preis für ihr Gold erzielen konnten als an der Grube. Allerdings bestand die Gefahr, daß sie auf der Reise in die Stadt von bewaffneten Wegelagerern überfallen wurden. Diese Verbrecher waren gewöhnlich entsprungene Häftlinge, die in unbesiedelten Gebieten Australiens, dem Busch, ein rauhes Leben führten.

Wegelagerer

Ein australisches Goldgräberlager
Für die Schürfer, die zu Tausenden von früh bis spät in den australischen Goldfeldern arbeiteten, war das Leben hart. Nahrungsmittel waren knapp und teuer, es gab keine Krankenhäuser, und viele Goldgräber trugen eine Waffe bei sich, um sich gegen Raubüberfälle zu schützen.

Die Familien der Goldgräber
Obwohl die Familien der Goldgräber es in ihren Hütten und Zelten nicht leicht hatten, halfen die meisten von ihnen bei der täglichen Schürfarbeit.

Der Goldrausch am Klondike

Zu einem außerordentlich heftigen Goldrausch kam es am Klondike, einem Fluß im eisigen Norden Kanadas. Nachdem dort 1896 erstmals Gold gefunden worden war, machten sich Tausende von Schürfern auf den langen und schwierigen Weg in die Goldgräberlager, die in der Umgebung von Dawson, der einzigen Stadt im Klondike-Gebiet, aus dem Boden schossen.

Eine schreckliche Reise
Um das Goldfeld zu erreichen, mußten die Schürfer entweder eine lange Flußfahrt auf sich nehmen oder einen hohen Gebirgspaß überwinden. Viele von ihnen kehrten unterwegs um oder starben vor Hunger oder vor Kälte.

Lebenswichtige Vorräte
Auf ihrem Weg über die Berge mußten die Schürfer genügend Vorräte für ein Jahr mit sich führen.

Goldvorkommen

Staub

Plättchen

Klumpen

Gold wird entweder in Form von Staub oder Plättchen auf Flußbetten gefunden oder in Form von Klumpen, die in Gestein eingeschlossen sind.

Livingstone und Stanley in Afrika

Bis ins 19. Jahrhundert war kein Europäer von der Küste Afrikas weit ins Binnenland vorgedrungen. Erst in den vierziger Jahren des 19. Jahrhunderts reiste der Schotte David Livingstone tief ins Landesinnere, um die Afrikaner zum Christentum zu bekehren.

Nach jahrelangen Forschungsreisen in Afrika war Livingstone „verschollen". Daraufhin machte sich der britische Journalist Henry Morton Stanley auf die Suche nach dem großen Entdecker. Er fand ihn und wurde durch die Geschichte ihrer Begegnung weltberühmt.

Nach Livingstones Tod führte Stanley die Arbeit des älteren Mannes in Afrika fort. Er leitete verschiedene Expeditionen, die der Erforschung des Kontinents dienten, darunter eine gefahrvolle Reise zur Erkundung des Kongos.

DER 1. WELTKRIEG

Kein Krieg, mit Ausnahme des 2. Weltkriegs *(siehe S. 60—61)*, war so verheerend und verlustreich wie der Krieg von 1914 bis 1918.

Zum Kriegsausbruch kam es 1914 aufgrund von Handels- und Gebietsstreitigkeiten zwischen den Alliierten (darunter Großbritannien, Frankreich, Rußland und später auch den Vereinigten Staaten von Amerika) und den Mittelmächten (Deutschland, Österreich-Ungarn und der Türkei). Als nach wenigen Monaten offensichtlich wurde,

daß keine Seite einen raschen Sieg erringen konnte, bauten die feindlichen Heere ein Netz von Schützengräben, das schließlich ganz Westeuropa überzog. Von nun an standen sie sich in einem zermürbenden „Stellungskrieg" gegenüber, der in vier Jahren keine entscheidenden Schlachten und nur geringe Gebietsgewinne oder -verluste brachte. Dennoch kamen in dieser Zeit rund zehn Millionen Menschen durch Kugeln, Granatfeuer oder Krankheiten ums Leben.

Im Niemandsland
Nächtliche Stoßtrupps mußten Vorstöße ins Niemandsland unternehmen, um ihre Toten und Verwundeten zu bergen oder die Bewegungen des Gegners zu beobachten.

Unterstand

Niemandsland

Front

Krankenträger

Gefechtsstand

Deutsche und französische Schützengräben
Die Schützengräben gegnerischer Heere waren durch Stacheldrahtverhaue und das sogenannte Niemandsland voneinander getrennt. Hinter den vordersten Schützengräben, der „Front", lagen bis zu zehn Bereitschaftsgräben.

Die Versorgung Verletzter
Krankenträger hatten die schreckliche Aufgabe, Sterbende und Schwerverwundete zu den Sanitätsposten zu bringen.

56

Die einzige Zuflucht
Wesentlicher Bestandteil der Schützengräben war der Unterstand, in dem die Soldaten vor feindlichem Feuer und schlechtem Wetter Zuflucht fanden.

Die Streitmächte

Die Alliierten verfügten während des Krieges über 48 Millionen Soldaten, von denen 5 Millionen starben. Die Mittelmächte verloren von knapp 26 Millionen Mann mindestens 3,5 Millionen. Weitere 21 Millionen wurden verwundet. Die größten Verluste erlitten Frankreich, Rußland, Deutschland und Österreich-Ungarn.

Britisches Maschinengewehr Vickers

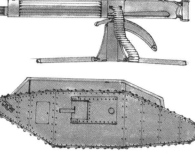

Britischer Panzer Mark IV

Neu entwickelte Waffen
Zu den neueren im Krieg eingesetzten Waffen gehörten Panzer, Flugzeuge, U-Boote und Maschinengewehre.

Die Alliierten

Großbritannien   Frankreich   Rußland   Vereinigte Staaten von Amerika

Die Mittelmächte

Deutschland   Österreich   Ungarn   Türkei

Die russische Revolution

Am Anfang des 20. Jahrhunderts war Rußland immer noch ein armes Land, das von einem Zaren regiert wurde. Not und Elend veranlaßten viele Russen, Revolutionäre wie Lenin zu unterstützen, dessen bolschewistische Partei den Sturz des Zaren anstrebte.

Gegen Ende des 1. Weltkriegs ergriffen die Bolschewisten die Macht. Der Zar mußte abdanken und wurde später ermordet. Als neuer Herrscher Rußlands schloß Lenin Frieden mit Deutschland und gründete den ersten kommunistischen Staat der Welt.

Während des 1. Weltkriegs kam es zu Unruhen, da dem Zaren und seinen Beratern die Schuld an russischen Niederlagen zugewiesen wurde.

Rasputin, der verhaßte Berater des Zaren, wurde wegen der Macht, die er über den Zaren und seine Frau hatte, ermordet.

Obwohl ihre Offiziere sie aufzuhalten suchten, begannen viele russische Soldaten von der Front zu desertieren.

Der Zar dankte ab, und Lenin rief unzufriedene Soldaten auf, den Sturz der Regierung zu unterstützen.

Die Bolschewisten siegten über die Regierungstruppen und brachten die wichtigsten russischen Städte unter ihre Kontrolle.

Der Revolution folgten erbitterte Kämpfe. Viele hungernde Menschen mußten auf den Straßen der Städte um Nahrung betteln.

Bereitschaftsgräben
Mit der Front durch Laufgräben verbundene Bereitschaftsgräben enthielten Vorräte, Sanitätsposten und Gefechtsstände.

DAS TECHNISCHE ZEITALTER

Obwohl es auch früher Zeiten tiefgreifenden Wandels gegeben hat — die Zeit der Renaissance *(siehe S. 28—31)* oder der industriellen Revolution *(siehe S. 48—51)* zum Beispiel — hat keine Epoche so viele und so rasch aufeinander folgende Veränderungen erlebt wie das 20. Jahrhundert. Einige dieser Veränderungen wurden durch die beiden Weltkriege *(siehe S. 56—57* und *S. 60—61)* bewirkt, die meisten aber wurden in Friedenszeiten durch wissenschaftliche Entwicklungen herbeigeführt.

Am besten kann man sich klarmachen, wie rasch die Welt sich im Laufe des 20. Jahrhunderts gewandelt hat, wenn man sich in Erinnerung ruft, daß im Jahre 1900 noch niemand fernsah, Radio hörte, Lebensmittel im Kühlschrank aufbewahrte oder mit dem Flugzeug reiste und daß erst sehr wenige Menschen je mit einem Auto gefahren waren, einen Film gesehen oder telefoniert hatten.

Vor allem aber erlebte das 20. Jahrhundert große Fortschritte in der medizinischen Versorgung der Menschen. Ein Einwohner der reicheren Länder Europas oder der Vereinigten Staaten, der 1900 damit rechnen konnte, 50 Jahre alt zu werden, darf in den achtziger Jahren des 20. Jahrhunderts ein Alter von über 70 Jahren erwarten.

Entwicklungen, die das Leben veränderten

Wenige Jahrhunderte haben für die Mehrheit der Menschen so zahlreiche Veränderungen mit sich gebracht wie das 20. Jahrhundert. Die Entwicklungen in den Bereichen des Verkehrs, der Nachrichtenübertragung, der Medizin und der Massenfertigung vieler Waren haben die reicheren Teile der Welt zu gesünderen und angenehmeren Lebensstätten gemacht.

Die Luftfahrt

Im Jahre 1903 führten die beiden amerikanischen Brüder Orville und Wilbur Wright den ersten Motorflug mit einem Flugzeug durch, das schwerer als Luft war *(oben)*. Im Laufe des Jahrhunderts wurden Flugzeuge auf langen Strecken zum beliebtesten aller Verkehrsmittel. Und in Kriegszeiten wurden sie zu wichtigen Waffen.

Luxus-Seereisen

Passagier- und Kriegsschiffe wurden größer als je zuvor, und viele Menschen genossen die Reise von Amerika nach Europa in „schwimmenden Hotels" wie dem Überseedampfer *Queen Elizabeth I. (links)*.

Die Fotografie

Die ersten Aufnahmen stammen zwar bereits aus den zwanziger Jahren des 19. Jahrhunderts, zu einem beliebten Hobby aber wurde das Fotografieren erst im 20. Jahrhundert, als es bessere Kameras *(rechts)* und bessere Filme gab.

Neue Erfindungen im Haushalt

Am Anfang des 20. Jahrhunderts begann man, Haushalte mit elektrischem Strom zu versorgen und die Beleuchtung durch Gas oder Kerzen allmählich zu ersetzen. Der elektrische Strom führte auch zur Entwicklung verschiedener Haushaltsgeräte wie des Bügeleisens, der Waschmaschine, des Staubsaugers und des Kühlschranks *(rechts außen)*.
Von den neuen Formen der Nachrichtenübertragung ist das Telefon seit Ende des 19. Jahrhunderts weit verbreitet, während Radiosendungen seit den zwanziger Jahren und Fernsehsendungen seit den dreißiger Jahren des 20. Jahrhunderts ausgestrahlt werden.

Zu Hause

In der Küche

Das Wachstum der Städte

Vor dem 19. Jahrhundert lebten die meisten Menschen auf dem Land, aber seit dem Anfang des 20. Jahrhunderts wohnten viele Menschen in der Stadt. Als der Platz in den Städten knapper wurde, baute man größere und höhere Wohn- und Geschäftshäuser wie das Empire State Building in New York *(rechts)*.

Das Zeitalter des Automobils

Durch die Massenfertigung des Modells T *(links oben)* gab der Automobilhersteller Ford ab 1913 mehr Menschen die Möglichkeit, ein Auto zu erwerben. Reiche Leute allerdings kauften Luxuswagen wie den Bugatti aus dem Jahre 1931 *(links unten)*.

Die Rolle der Frau im Wandel

Weil die meisten Männer während des 1. Weltkriegs Soldaten waren, übten viele Frauen in dieser Zeit besser bezahlte und wichtigere Berufe aus. Ein weiterer Fortschritt bestand für die Frauen darin, daß sie nach dem 1. Weltkrieg in manchen Ländern zum ersten Mal das Wahlrecht erhielten. Dank ihrer höher bezahlten Arbeit wurden viele von ihnen erstmals in ihrem Leben unabhängig von ihrer Familie, und es wurde nicht mehr von ihnen erwartet, daß sie ihr gesamtes Leben als Frau und Mutter zu Hause verbrachten. Diese neue Freiheit spiegelte sich auch im Aussehen der „neuen" Frau, ihrer zwangloseren Kleidung und ihrem kurzen Haar *(links)*.

Unterhaltung für jedermann

Neue Erfindungen wie das Grammophon, das Radio und später auch das Fernsehen brachten den Menschen viel Unterhaltung ins Haus. Auch die Kinos, die Filme mit beliebten Schauspielern wie Charlie Chaplin *(rechts)* zeigten, wurden gut besucht.

59

DER 2. WELTKRIEG

Nach den entsetzlichen Verlusten des 1. Weltkriegs *(siehe S. 56—57)* sehnten sich die Menschen in allen Ländern nach einer neuen und besseren Welt. Aber kaum über 20 Jahre später wurde die Welt in einen noch verheerenderen Krieg gestürzt, in dem 55 Millionen Männer, Frauen und Kinder ums Leben kamen.

Zu den Gründen, die zum Ausbruch dieses neuen Krieges führten, zählten die Probleme, die der 1. Weltkrieg hinterlassen hatte. Viele Länder waren bei Kriegsende so verschuldet, daß es in den dreißiger Jahren zu einer weltweiten Wirtschaftskrise

kam, die ein hohes Maß an Arbeitslosigkeit und Not zur Folge hatte. Das Elend der Arbeitslosigkeit aber erleichterte es zwei gewissenlosen Diktatoren, Adolf Hitler in Deutschland und Benito Mussolini in Italien, die Macht zu ergreifen. Unter ihrer Herrschaft begannen Deutschland und Italien — wie auch Japan — schon bald, die Gebiete anderer Länder zu besetzen. Die Alliierten (Großbritannien und das Commonwealth, Frankreich, die Sowjetunion und die Vereinigten Staaten) brauchten über fünf Jahre, um Deutschland, Italien und Japan schließlich zu besiegen.

1 Der Rückzug aus Dünkirchen

Als Frankreich 1940 von Deutschland besiegt wurde, zogen sich Tausende von britischen, französischen und belgischen Soldaten auf den französischen Hafen Dünkirchen zurück. Dort wurden sie von Schiffen aufgenommen, die sie nach England brachten.

2 Die Schlacht im Atlantik

Nach 1940 benötigte Großbritannien dringend Kriegsmaterial aus den USA. In der Atlantikschlacht versenkten deutsche U-Boote Schiffe, die aus Amerika kamen.

3 Die Schlacht um England

Im Jahre 1940 versuchte Deutschland, Großbritannien durch Bombenangriffe zu bezwingen. Aber die englische Luftwaffe fügte der deutschen so schwere Verluste zu, daß Hitler sein Vorhaben, in England zu landen, gegen Jahresende aufgab.

Neue Arten der Kriegführung

Schon vor Beginn des 2. Weltkriegs waren Panzer, Gewehre und Flugzeuge weiterentwickelt worden. Auch gab es in diesem Krieg mehr Spione, Saboteure und Widerstandsbewegungen — Männer und Frauen, die einen „heimlichen" Krieg hinter den feindlichen Linien führten.

Unbemannte Flugkörper, die V1 und die V2, wurden von den Deutschen erst kurz vor Ende des Krieges gegen britische Städte eingesetzt.

Radar, ein System zur Ortsbestimmung feindlicher Schiffe und Flugzeuge, war vom Anfang bis zum Ende des Krieges eine wichtige Waffe.

Spione und Saboteure benutzten bei ihrer Arbeit hinter der Front versteckte Radios, Fotoapparate und Waffen.

8 Die Landung in der Normandie

Nachdem die Alliierten 1943 mit Italien einen Waffenstillstand geschlossen hatten, gingen sie daran, den endgültigen Sieg über Deutschland zu planen. Im Jahre 1944 landeten amerikanische, kanadische und britische Truppen in der französischen Normandie und begannen, das besetzte Europa zu befreien.

4 Pearl Harbour

Der Wunsch nach Vorherrschaft in Asien veranlaßte Japan, die in Pearl Harbour stationierte amerikanische Pazifikflotte zu bombardieren. Daraufhin traten die Vereinigten Staaten 1941 auf seiten der Alliierten in den Krieg ein. Bis 1942 blieben die Japaner in Asien überlegen.

5 Die Schlacht um Stalingrad

Die 1941 in die Sowjetunion einmarschierten Deutschen drangen tief ins Landesinnere vor. Aber die Sowjets kämpften erbittert um Städte wie Stalingrad (unten), und die Deutschen wurden schließlich zum Rückzug gezwungen.

6 Der Wüstenkrieg

Eine Zeitlang waren die deutschen Truppen unter ihrem General Rommel den Alliierten überlegen. Zum ersten bedeutenden Erfolg der Alliierten kam es 1942 bei Al Alamain, wo Streitkräfte aus Groß-britannien und dem Commonwealth Rom-mel besiegten.

7 Der Krieg im Pazifik

Nach 1942 wurden die Japaner in Asien und im Pazifik von amerikanischen, britischen, australischen und anderen alliierten Truppen allmählich zurückgedrängt (oben).

9 Das Ende des Krieges

Nach dem Einmarsch der Alliierten in Deutschland und dem Selbstmord Hitlers waren die Deutschen endlich gezwungen zu kapitulie-ren. Bald darauf kapitulierte auch Japan, nachdem die Amerikaner zwei Atombomben (unten) über japanischen Städten abgeworfen hatten.

DAS ZEITALTER DER RAUMFAHRT

Als der amerikanische Astronaut Neil Armstrong 1969 als erster Mensch den Mond betrat, wurde dieses Ereignis weltweit als Beispiel für die Leistungsfähigkeit der modernen Zivilisation betrachtet. Es verbindet uns mit den Entdeckern früherer Zeiten *(siehe S. 32—33)*.

Aber dieselbe Welt, die in der Lage ist, einen Mann zum Mond zu schicken, tut sich schwer, einige ihrer dringendsten Probleme zu lösen. Dazu gehören die Ernährung von Millionen hungernder Menschen, die Erhaltung gefährdeter Tiere und Pflanzen und — vor allem — die Verhütung weiterer Kriege. Möge das umfangreiche Wissen, das unsere Vorfahren uns vermacht haben, uns helfen, dieser Probleme Herr zu werden.

Die Wissenschaft im Zeitalter der Raumfahrt

Das 20. Jahrhundert hat viele bedeutende wissenschaftliche Entwicklungen hervorgebracht; die aufsehenerregendsten Fortschritte aber sind auf den Gebieten der Medizin und der Raumfahrt erzielt worden. Dank der Fortschritte in der Medizin ist es möglich, daß Krankheiten wie die Kinderlähmung durch Impfen verhütet werden und daß Chirurgen Organe wie die Niere von einem Menschen auf einen anderen übertragen. Außerordentliche Fortschritte in der Raumfahrt haben zur Entwicklung künstlicher Nachrichtensatelliten, unbemannter Raumsonden, wiederverwendbarer bemannter Raumfähren und bemannter Raumstationen geführt.

Mit Anweisungen und Informationen gefüttert, können Computer *(oben)* heute dazu beitragen, viele wissenschaftliche Probleme zu lösen.

Wohnorte im Zeitalter der Raumfahrt

Da die Städte immer größer werden und immer dichter bewohnt sind, ziehen reichere Stadtbewohner es oft vor, in schöneren Gegenden am Stadtrand zu leben. Arme Leute haben diese Möglichkeit jedoch nicht, und in vielen Städten bewohnen sie schmutzige, überbevölkerte Elendsviertel.

Das Leben in den Vororten

In der Stadt arbeitende Menschen wohnen oft in Vororten außerhalb des Stadtzentrums, weil sie möchten, daß ihre Kinder fernab vom Lärm und vom Schmutz der Stadt in angenehmer, naturnaher Umgebung aufwachsen.

Eine reiche Habe

Heutzutage kann eine Familie weit mehr ausgeben für Haushalt und Freizeit, als dies in der Vergangenheit möglich war. Viele Familien haben inzwischen einen Kühlschrank, eine Waschmaschine, einen Fernsehapparat und ein Auto.

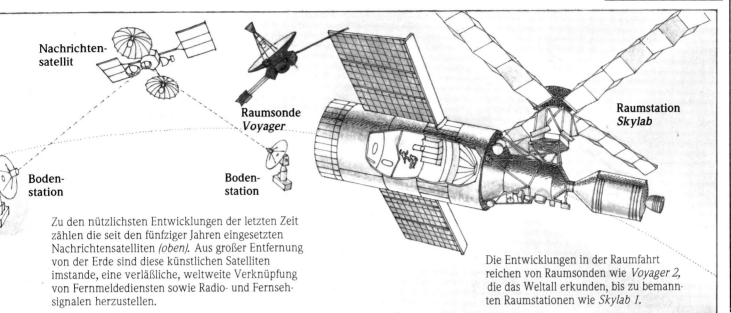

Nachrichten-
satellit

Raumsonde
Voyager

Raumstation
Skylab

Boden-
station

Boden-
station

Zu den nützlichsten Entwicklungen der letzten Zeit
zählen die seit den fünfziger Jahren eingesetzten
Nachrichtensatelliten *(oben)*. Aus großer Entfernung
von der Erde sind diese künstlichen Satelliten
imstande, eine verläßliche, weltweite Verknüpfung
von Fernmeldediensten sowie Radio- und Fernseh-
signalen herzustellen.

Die Entwicklungen in der Raumfahrt
reichen von Raumsonden wie *Voyager 2,*
die das Weltall erkunden, bis zu bemann-
ten Raumstationen wie *Skylab 1.*

Das Leben in einem Elendsviertel
In manchen Städten leben die Armen in sogenannten
Slums, deren Unterkünfte gewöhnlich schlecht ge-
baute Holzhütten sind. In diesen Elendsvierteln gibt
es oft weder fließendes Wasser noch eine geregelte
Abwasserentsorgung.

Wenige Habseligkeiten
Die Armen besitzen oft nur wenig Kleidung und
aussortierte Gegenstände, für die andere Menschen
keine Verwendung mehr haben. Viele Arme sind
arbeitslos und haben Schwierigkeiten, ihre Kinder
zu ernähren.

63

REGISTER